MON VOYAGE en ALGÉRIE

raconté à mes enfans

PAR

Napoléon ROUSSEL.

PARIS,

RISLER

62, Rue Basse du Rempart

GILMELET SC.

LACOSTE ET FILS

SOMMAIRE GÉNÉRAL.

LA MITIDJA.

LA TRAVERSÉE.

Mon voyage en Algérie.

RUE D'ALGER.

MON VOYAGE

EN ALGÉRIE.

LA TRAVERSÉE.

LE PÈRE : Qui veut que je lui raconte une histoire?

JULES : Moi, papa!

ADOLPHE : Moi! moi!

LE PÈRE : Allons, placez-vous là et ne bougez plus, car il n'y a rien de plus ennuyeux qu'un enfant qui remue toujours.

JULES : Oh! je ne dirai rien, rien du tout, papa. Tu sais bien que je suis sage? Là, je ne veux plus parler. Je...

LE PÈRE : Eh! commence donc par te taire, c'est le meilleur moyen de prouver ton obéissance. Voilà toujours ce que vous faites, mes enfants : vous êtes sages en promesses, autant qu'on veut et plus qu'on ne veut; mais dès qu'il faut faire ce que vous avez promis, c'est une toute autre affaire.

ADOLPHE : Oh! papa, papa, c'est pas ça. L'histoire, l'histoire!

LE PÈRE : Soit. Quelle couleur la voulez-vous?

JULES : Bien amusante; qui fasse bien rire, et aussi un peu pleurer.

ADOLPHE : Moi, je voudrais une histoire vraie. Papa, raconte-nous ce que tu as vu; quelque chose qui te soit ar-

rivée à toi-même. Tu sais bien , les Bédouins, les Arabes que tu as vus en Afrique?

JULES : Oh ! oui, papa; et puis tu nous
parleras du grand vaisseau?

LE PÈRE : Va pour le grand vaisseau
et les Bédouins. Mais avant de commencer, je voudrais vous faire faire une petite remarque : vous voulez une histoire
qui fasse rire ou pleurer; enfin qui vous
amuse; mais ni l'un ni l'autre vous ne
m'avez demandé une histoire qui in-
struise , une histoire qui rende meilleur,
qui porte à mieux aimer Dieu et les hommes.

ADOLPHE : Oh! papa, ça va sans dire !

LE PÈRE : Non, mon ami, ça ne va
pas sans dire; votre demande prouve
seulement que vous aimez plus à vous
amuser qu'à vous instruire.

JULES : Mais, papa, l'histoire?

LE PÈRE : Tu vois, Jules? ton instance prouve ce que j'ai avancé : je te dis quelques mots pour t'instruire, et toi tu me demandes encore une histoire pour t'amuser. C'est égal, je vais commencer ; je tâcherai de vous instruire et de vous amuser en même temps. En tout cas, mon récit aura l'attrait de l'exacte vérité, car je ne vous raconterai que ce que j'ai vu et entendu.

Vers la fin de 1835, j'étais à Toulon. Avant de m'embarquer pour l'Afrique, je voulus visiter l'arsenal. C'est là que se construisent les vaisseaux et tout ce qui est nécessaire pour les armer et les mettre à la voile. Ces travaux sont exécutés par des centaines de galériens, enchaînés deux à deux, condamnés pour leurs crimes à ces travaux forcés pendant une partie de leur vie, ou même leur vie entière. Mais eux, en vous tendant la main pour obtenir une aumône, se nomment de *pauvres malheureux*. Vous voyez donc que les coupables les plus endurcis reconnaissent leurs torts, puisqu'ils en ont honte en face des honnêtes gens. Au reste, dans un sens, ils ont bien raison de se dire malheureux; ils le sont en effet, non, parce qu'ils sont en prison, mais parce qu'ils ont mérité d'y être.

Le lendemain de mon arrivée, je m'embarquai avec un certain plaisir, à la pensée de tout ce que j'allais voir de nouveau; mais aussi avec une certaine crainte de ce terrible mal de mer que ressent presque tout le monde. Hélas! je n'en fus pas exempt. Vous savez qu'on dit, « qu'il n'y a pas de plaisir sans peine; » j'en fis alors la triste expérience. J'étais joyeux et léger en mettant le pied sur ce beau bâtiment à vapeur : ces matelots occupés à lever les ancres, en faisant tourner le cabestan au pas de charge et au son du fifre ; ces voiles blanches déployées dans les airs ; cette puissante machine à vapeur s'agitant déjà ; ces chauffeurs noirs comme leur charbon, allant et venant au fond du bâtiment, à la lueur rougeâtre de leurs fourneaux embrasés ; cette mer immense s'étendant devant nous ; ce léger balancement qu'imprimaient au navire les flots soulevés par les roues ; tout cela était nouveau et amusant pour moi ; mais cela ressemblait aussi aux histoires : il y avait quelque chose d'instructif qui m'ennuyait un peu, c'était le mal de mer qui commençait à me prendre. Ma tête tournait, mon cœur se soulevait ; pour ne pas me laisser tomber sur ce ba-

teau qui se balançait déjà à droite, à
gauche, en avant, en arrière, je marchai,
les jambes écartées, et laissant là tous
mes plaisirs, j'allai bien vite me coucher.

ADOLPHE : Mais, papa, il fallait prendre un remède.

LE PÈRE : Mon garçon, il n'y a point de
remède; bon gré mal gré, il faut subir le
mal au cœur et quelque chose de pis encore.

JULES : Oh! alors, je ne veux pas aller
en Afrique, je ne veux pas monter sur un
vaisseau.

LE PÈRE : Mon enfant, moi aussi je
m'étais dit souvent que je n'irais jamais
sur mer; cependant je l'ai fait, parce
qu'avant tout, il faut faire ce qui est utile
et non pas ce que l'on aime. Je n'aimais
pas le mal de mer, ce qui ne m'a pas em-

pêché de le prendre; et je le gardai si
bien qu'il me fut impossible de rien manger pendant vingt-quatre heures.

Enfin, quand je fus guéri, je remontai
sur le pont. Vous savez que le pont d'un
vaisseau est un plancher placé à sa surface, sur lequel on peut se promener, et
d'où le regard peut se porter au loin.

C'était vers le soir; le temps était
calme; autour de nous, on ne voyait
que la mer; au-dessus que le ciel, et à
l'horison où tous deux se fondaient ensemble, le soleil descendant peu à peu
était près d'atteindre la surface des
eaux. Cet astre brillant et chaud comme
le feu, cette eau pâle et froide comme
la glace, qui, semblaient sur le point de
se réunir, firent sur moi une impression
singulière; il me semblait que le soleil
en pénétrant dans la mer devait y pro-

duire l'effet du fer rouge que l'on plonge dans l'eau ; cependant déjà le bord de sa circonférence était en contact avec la surface du liquide, mais point de bruit ne se faisait entendre ; point de fumée ne s'élevait à l'horison ; le soleil en feu descendait lent et paisible dans les eaux calmes et profondes sans paraître s'inquiéter le moins du monde de ce qui était autour de lui ; il semblait dire qu'il n'avait rien à craindre, et que celui qui l'avait créé saurait bien le préserver et le conduire.

Jules : Mais, papa, comment le soleil peut-il donc se mouiller sans s'éteindre ?

Adolphe : Nigaud, il ne se mouille pas ; il passe loin, bien loin, de la terre et de la mer.

Le Père : C'est vrai, Adolphe ; mais

ton explication aurait été toute aussi bonne sans le *nigaud* dont tu as gratifié ton frère. Sais-tu bien que le frère d'un nigaud n'est probablement pas un homme d'esprit? si tu ne le sais pas, je vais te le prouver : toi qui en sais si long, pourrais-tu bien me dire pourquoi le soleil ne tombant pas dans l'eau, semble cependant y descendre?

ADOLPHE : Non.

LE PÈRE : *Nigaud*, ne vois-tu pas que c'est l'effet d'une erreur de nos yeux qui ne savent pas mesurer une distance, lorsque rien n'est placé sur son étendue? ainsi nos yeux ne peuvent pas voir l'espace qui sépare la mer du soleil, parce que dans son immensité il n'y a ni arbres, ni maisons, rien enfin qui puisse nous faire soupçonner cet intervalle. Voilà pourquoi, à l'horison, le soleil et la mer nous semblent être près l'un de l'autre et même se toucher, bien qu'ils soient séparés par trente millions de lieues.

Enfin, quand le soleil fut couché, j'allai me coucher aussi. Mais voici venir un nouveau malheur presque aussi fâcheux que le mal de mer. Quand je voulus descendre dans ma petite cabine, une odeur insupportable s'exhalant du fond de cale m'obligea à remonter. Depuis que j'étais revenu sur le pont, les graisses de la machine à vapeur s'étaient échauffées, les exhalaisons de la cale s'étaient élevées et la cuisine des matelots avait été mise sur le feu, non loin de ma chambre, et comme je venais de respirer un air pur, toutes ces odeurs réunies m'obligèrent à prendre mon matelas sur le dos, et à venir me coucher sur le pont. Je fis mon lit au beau milieu du bâtiment, et je m'endormis au clair de lune. Mais ce n'est pas encore là mon malheur. Après avoir dormi deux heures je m'éveille à demi; il me semble que j'ai bien chaud; mais enfin je me tourne, me retourne et m'endors de nouveau. Une demi-heure plus tard je m'éveille encore; il me semble que la chaleur augmente; mon sang me pique comme un millier d'épingles; je change de place dans mon lit et ne suis jamais bien. J'ai chaud, j'étouffe, je rejette ma couverture, mais je brûle toujours. Je me dis alors : si cela doit augmenter jusqu'en Afrique, je ne sais pas comment cela pourra finir. Mais toutes mes réflexions ne diminuaient rien à ma chaleur; j'en étais toujours un peu plus incommodé; et, chose étonnante! en même temps que je brûlais, j'entendais autour de moi d'autres passagers couchés aussi sur le pont, se dire les uns aux autres : «Qu'il fait froid! je suis gelé! » Sont-ils heureux! me disais-je, en moi-même ; et je grillais toujours. Enfin, comme le jour commençait à poindre, je me levai, roulai mon matelas et le jetai dans un coin. Nouveau miracle! le pont était couvert d'une rosée abondante, tout était mouillé comme si la mer y avait passé; cependant sous mon matelas et aux alentours tout était sec, très sec! Hélas! je compris alors que je m'étais couché droit au-dessus des chaudières de la machine à vapeur! Dès lors tout en regrettant un peu trop de sécheresse à ma place, je me réjouis de n'être pas mort de froid à la place des autres.

Pour me rafraîchir un peu, j'allai m'asseoir à l'une des extrémités du bâti-

ment et là, en face de cette vaste mer
où notre bateau à vapeur semblait perdu,
comme la coquille de noix que vous
faisiez naviguer, cet été, dans l'étang, à
la campagne, je contemplai le spectacle
le plus émouvant que j'aie jamais vu :
la pointe du bâtiment qui me faisait
face, s'élevait et s'abaissait tour à tour ;
tantôt elle semblait près de plonger dans
la mer, tantôt s'élever à cent pieds au-
dessus de ma tête ; quand elle montait
je descendais, quand elle descendait, je
montais à mon tour, et rien ne peut
mieux vous donner une idée de ces ba-
lancements, que celui de votre cheval à
bascule ; avec cette différence que si
votre cheval de bois trébuche, vous allez
tout simplement vous étendre sur le
tapis, tandis que lorsque le vaisseau
sombre contre les vagues, l'équipage va

s'étendre au fond de la mer! Je vous
avoue, mes enfants, que je n'étais pas très
rassuré. En effet, le vent commençait
à s'élever et à nous pousser en sens contraire de notre route ; il devenait peu à
peu plus violent ; enfin vers le soir, il
soufflait avec une telle fureur, que personne, excepté les marins, ne pouvait
plus se tenir sur le pont; la cheminée fut
en partie enlevée, le tambour qui couvre
les roues fut brisé, et pour comble de
malheur, nous étions sur le point de
manquer de charbon pour chauffer la
machine et faire avancer le bâtiment.
Oh! alors, mes enfants, je vous assure
que je me sentis pressé du besoin de
prier Dieu, de le prier de me conserver
la vie pour vous revoir et vous embrasser.
Mais, en même temps, cette pensée de
prière, qui ne m'était venue qu'en pré-

sence du danger, me fit faire un retour
bien triste sur moi-même : je songeais à
prier Dieu dans ce moment, parce que le
péril était sous mes yeux; mais je n'y avais
pas pensé avant de m'embarquer, parce
qu'alors je me croyais en sûreté. C'est
ainsi, mes enfants, que nous songeons à
Dieu dans le malheur, dans la souffrance,
mais que nous l'oublions dans le bien-
être et la santé. Cependant Dieu n'est
pas moins bon dans un moment que dans
un autre ; et nous, nous ne sommes pas
plus indépendants de lui en santé qu'en
maladie ; il lui est aussi facile de nous
abattre quand nous sommes debout que
de nous relever quand nous sommes à
terre ; nous avons donc autant de raison
de le prier, riches, en santé, prospères,
que pauvres, malades et dans la détresse.
Aussi, honteux de mon oubli, j'en de-

mandai pardon à Dieu ; et pour le présent, n'osant presque pas réclamer une faveur, je me bornai à lui dire : « Seigneur, que ta volonté soit faite ! » Sa volonté fut faite ; la tempête se calma, le bâtiment reprit son aplomb, le vent changea de direction, et après nous avoir retenus, il nous poussa en avant ; ainsi Dieu fit contribuer à notre bien ce même souffle qui avait servi à notre mal.

Mais cette bourrasque fit plus d'un nouveau malade ; à ce propos, je dois vous raconter ici l'histoire d'un grand tambour-major, qui était avec nous sur le bateau à vapeur.

Notre tambour-major était si grand, si grand que Jules, debout sur les épaules d'Adolphe, n'aurait pas été encore aussi élevé que lui ; ses moustaches étaient si longues, ses favoris si gros, sa barbe si épaisse que sa figure disparaissait sous cette forêt poileuse, et que son nez seul s'élevait comme un rocher nu et pelé au milieu de ces broussailles. Notre homme paraissait si orgueilleux de sa taille, de sa barbe, de ses galons dorés; sa démarche était si altière, qu'en vérité il semblait que le bateau, trop faible pour le porter, allait s'enfoncer sous ses pas majestueux. Tel était notre superbe tambour-major avant la tempête. Il fut assez heureux pour échapper au mal de mer pendant le premier jour; aussi regardait-il en pitié ces petits conscrits de soldats et ces hommelettes de bourgeois qui avaient l'air si piteux dans leurs souffrances. Le tambour-major levait les épaules, souriait, lançait des paroles moqueuses et se promenait toujours, lui et ses moustaches. Mais enfin la tem-

pête arriva ; le mal qui l'avait jusque là
épargné se fit aussi sentir à notre Her-
cule, et si bien sentir que le pauvre
homme de six pieds faisait des grimaces
épouvantables. D'une main il se tenait
le ventre pour soulager ses douleurs ;
de l'autre il s'appuyait sur le bord du navire pour ne pas trébucher.— «Eh bien !
tambour-major,» lui dit d'un air malin
un mousse de douze ans, qui, habitué à la mer, n'éprouvait aucun mal,
« eh bien ! que dites-vous de ces conscrits
et de ces hommelettes?»— «Veux-tu bien
me faire le plaisir de passer ton chemin?»
lui dit avec colère le tambour qui vit
qu'on se moquait de lui. — Et l'enfant
lui éclate de rire au nez. Le tambour veut
lui donner un soufflet; mais comme il
essaie de faire un pas en avant, au moment même où le bâtiment se penche

en arrière, notre colosse tombe sur ses moustaches, il en balaie le plancher et se relève furieux. Le mousse rit plus fort et l'engage à venir dîner. Le tambour toujours plus colère, s'avance, fait encore un faux pas, mais l'enfant charitable accourt, l'arrête dans sa chute en lui servant d'appui et le conduit par la main jusqu'au bord du bâtiment, où le tambour sentant son cœur se soulever, avait grand besoin d'arriver promptement. «Ce n'est rien ; » lui dit le mousse, «ça vous tiendra lieu de verre d'absynthe ; peut-être aussi une autre fois ne vous vanterez-vous pas autant. Adieu, tenez-vous là ; bien du plaisir ; le contre-maître m'appelle. »

Jules : Papa, il paraît que les petits garçons n'ont pas le mal de mer, puisque le petit mousse.....

Le Père : C'est-à-dire, mon garçon, que tu penses que toi-même, tu ne l'aurais pas eu, et qu'ainsi toi, comme le mousse, tu aurais pu te moquer du tambour-major?

Jules : Oh! papa, je ne dis pas ça.

Le Père : Non, mais tu le penses. Mon ami, je crois que si tu avais été là, tu aurais joué le rôle, non pas du mousse, mais du tambour, et que si l'on s'était moqué de quelqu'un, ç'aurait probablement été de toi. Au reste, que l'espièglerie du petit marin ne te séduise pas si vite; car je t'apprendrai que le contre-maître l'avait appelé parce qu'il s'était aperçu qu'il se moquait du tambour, et que quand le mousse fut en face de lui, le bonnet à la main, les bras pendants, l'air humble et soumis, il en reçut un soufflet qui lui ôta l'envie de rire. Voyons main-

tenant, Jules, qu'aimes-tu mieux être,
le grand tambour-major ou le petit
mousse?

Jules : Ni l'un ni l'autre.

Le Père : Habitué, sans doute, à recevoir des taloches, le jeune mousse fut
bientôt consolé, car quelques instants
plus tard, je le vis courir en riant d'un
bout du bâtiment à l'autre. Lui et deux
ou trois autres jeunes matelots semblaient fort affairés pour s'emparer d'un
objet qui excitait de temps à temps
leurs éclats de rire. Ils allaient, venaient, couraient, marchaient à petits
pas, escaladaient les mâts, ou descen-
daient dans la chaloupe avec l'agilité de
ces singes que vous avez vus au Jardin
des Plantes. Je ne pouvais concevoir quel
était le but de tant de courses. Certainement, ce n'était pas pour la manœuvre du

navire, car ils faisaient tout cela avec une joie, un plaisir qui prouvaient bien qu'ils travaillaient pour leur propre compte. Enfin, j'aperçus ce qui avait mis en alerte la moitié de l'équipage. Deux pauvres petits oiseaux que les froids de l'hiver chassaient de notre triste Europe, avaient, eux aussi, entrepris, sur leurs ailes, le voyage d'Afrique. Mais sur la mer, pas un champ de blé où trouver un grain de nourriture, pas une branche d'arbre pour poser le pied, pas une feuille sèche pour s'abriter de l'orage. En quittant la terre, ces pauvres petites créatures devaient, sans provisions, traverser plusieurs centaines de lieues. Dieu les avait bien douées des forces nécessaires pour faire ce long trajet, car vous savez, mes enfants, que chaque année à la même époque les hirondelles se réu-

nissent sur un point convenu, se ran-
gent par colonnes serrées ou bien en
forme de triangle pour mieux fendre les
airs, et que sous la conduite des plus ha-
biles qui se mettent à leur tête, elles partent pour aller passer l'hiver dans un cli-
mat plus doux. Mais, sans doute, nos deux
pauvres petits oiseaux s'étaient égarés
dans leur route; et, maintenant, l'aile fati-
guée, ils venaient prendre un peu de repos
sur les cordages de notre navire. Les matelots qui les avaient aperçus n'imaginèrent
rien de mieux que de leur faire la chasse,
non à coups de fusil, mais à coups de
bonnet, ou avec la main. Nos petits
voyageurs fatigués ne voulant pas, vous
comprenez bien, se laisser prendre, voltigeaient d'une voile à l'autre, d'une
échelle de cordes aux mâts du navire;
mais ils déployaient leurs ailes si lente-

ment que leurs forces étaient évidemment
épuisées. Par fois, ils attendaient que la
main des matelots les approchât jusqu'à
les toucher, avant de se décider à reprendre leur vol apprenti. Ils semblaient
demander grâce! mais les matelots ne
voulaient pas les comprendre. Les frêles
créatures cependant réclamaient si peu
de chose! quelques instants d'hospitalité;
là, sur le bord du navire, ils ne gênaient
personne, et si la manœuvre exigeait
qu'une voile fût déployée ou serrée, sans
se plaindre les pauvres passereaux chan-
geaient de place; ils se trouvaient bien
partout; d'ailleurs ils occupaient si peu
d'espace! N'importe; les matelots les
poursuivaient toujours; l'un d'eux par-
vint même à mettre la main sur la patte
du plus jeune; il la rompit! L'oiseau
poussa un cri et déploya ses ailes. Pau-

vre bête! m'écriai-je, en pensant à son malheur; et les matelots, à la vue de leur camarade désappointé d'avoir manqué sa prise, poussèrent un grand éclat de rire! L'oiseau blessé ne volait plus si haut; c'était sur le pont maintenant qu'il bornait ses courses; toutefois il avait encore plus d'agilité que ses chasseurs. Mais enfin, le rusé petit mousse imagine de lui jeter quelques miettes de son pain; et l'innocente créature pressée par la faim ou trop confiante en la charité de l'homme, s'approche pour becqueter ce peu de nourriture : le mousse vient doucement par derrière, lui jette son bonnet sur la tête et pousse un cri de joie, en voyant enfin ses peines couronnées d'un plein succès. Il accourt; d'une main soulève le bonnet avec précaution; de l'autre, il se dispose à saisir le prisonnier. Il le découvre, l'oiseau est immobile ; le mousse avance la main, le saisit rapide-ment....et sans peine, car l'oiseau était mort !

« Eh bien ! » lui dis-je, « te voilà bien heureux maintenant ; tu as quelques plu-mes de plus et cet oiseau a la vie de moins ? » — «Oui,» me dit–il, «croyant que je le plaisantais sur sa maladresse, tandis que je voulais au contraire lui faire sen-tir sa dureté ; «oui,» dit–il, « si j'ai pris celui–ci mort, je prendrai l'autre vivant ! » et il s'élance à la poursuite du second passereau. Celui–ci, perché à deux pas, avait sans doute vu et compris la scène qui venait de se passer, car de sa place il avait pu contempler son compagnon de voyage couché sur le pont, renversé et immobile, retirant pour la dernière fois sa petite patte cassée. Aussi, n'attendit-il pas long-temps son ennemi. Il prit un vol rapide et disparut pendant quelques instants. On put croire d'abord qu'il avait abandonné le bâtiment, et qu'il aimait mieux se confier à ses ailes fatiguées qu'à la compassion des hommes. Mais, de même que la crainte l'avait éloigné, la fatigue le ramena. Nouvelles poursuites des matelots; nouveaux efforts de l'oiseau pour leur échapper encore. Enfin, lorsqu'il n'eut plus la force de déployer une aile, plus le courage de sautiller d'un seul pas, il alla se percher à l'extrémité d'une rame qui, placée dans la chaloupe, s'avançait en saillie sur la mer. Le jeune mousse se glisse comme un serpent, arrive sans bruit, coule sa main le long de l'aviron; il va saisir l'oiseau; l'oiseau voit le danger, et il ne bouge pas, car il n'en a plus la force.

Le mousse ouvre les doigts comme un filet, lève la main sur la tête de la tremblante créature ; mais l'oiseau, plutôt que de se laisser prendre, se laisse tomber dans les flots de l'abîme ; une vague vient, le couvre et il disparaît pour toujours !

Adolphe : Oh ! le méchant garçon que ce mousse !

Le Père : Oui, mon ami, bien méchant en effet. Mais il n'est pas le seul. N'as-tu jamais vu des enfants se faire un plaisir de tourmenter des oiseaux ou d'autres petits êtres trop faibles pour se défendre ? Moi, je me rappelle en avoir vu un, l'autre jour, dans la salle à manger, mettre la main dans la cage des canaris et chercher à les prendre, uniquement pour s'amuser. Ces pauvres petits oiseaux effrayés allaient d'une traverse à l'autre ; ils se heurtaient les ailes contre les barreaux de la cage ; cependant ce petit garçon les poursuivait toujours, et il ne s'est arrêté que lorsqu'il m'a vu entrer dans la chambre. Le connais-tu ce petit garçon, Adolphe?

ADOLPHE (*baissant la tête*) : Oui, papa.

LE PÈRE : Et qui est-ce?

ADOLPHE : Je n'y retournerai plus.

LE PÈRE : C'est donc toi? Eh bien ! j'accepte ta promesse ; embrasse-moi et rappelle-toi long-temps l'histoire du mousse et des deux passereaux.

Mais je suppose, mes enfants, que maintenant il ne vous tarde pas moins de me voir arriver en Afrique qu'il ne me tardait alors à moi-même. Vous savez que le but de mon voyage était Alger, et dans ce moment nous étions en face de cette ville. Vous croyez peut-

être que nous allons débarquer ? Pas du
tout ! il nous fallut passer devant Alger
sans mettre pied à terre et continuer à
naviguer encore vingt-quatre heures, car
notre bâtiment portait les dépêches à
l'armée qui se trouvait alors à Oran. Il
me fallut donc, bon gré mal gré, faire
ce détour et visiter cette ville. Je vous
avoue qu'aujourd'hui je n'en suis pas
fâché, bien qu'il m'en ait coûté deux
jours de plus de navigation.

Pour me faire prendre patience, je
m'amusai à repasser d'avance dans mon
esprit la multitude des choses nouvelles
qui allaient sans doute frapper mes yeux
en mettant pied à terre. D'abord, me
disais-je, je vais descendre non pas à
Lyon ou à Paris, non pas même à Londres ou à Rome ; non, tout cela est trop
vulgaire ; mais je vais descendre en

Afrique ! En Afrique ! ce seul mot d'Afrique remplissait mon imagination. C'est là que se trouvent ces vastes déserts ; là que vivent les lions et les tigres ; c'est là qu'habitent par milliers, des hommes noirs, là que les productions sont si différentes de celles de l'Europe ; je verrai des mahométans habillés à la turque, qui se promèneront tout naturellement dans les rues, comme les Français à Paris ; qui parleront arabe, comme je parle français. Ensuite, sans doute, la terre, le ciel, les montagnes, les rivières, les arbres, les animaux, tout doit être différent de ce qu'on voit en Europe. Que de bonheur, que de plaisirs en perspective ! Enfin j'arrive ; du bateau à vapeur, je passe dans une petite embarcation. Nous naviguons encore deux mortelles heures et je mets pied à terre sur le rivage africain ! Je porte les yeux autour de moi, du regard je mesure les montagnes, de la main je touche la terre, du pied je frappe contre un arbre, je suis des yeux une volée d'oiseaux, un cheval arabe passe à côté de moi, un chien aboie à mon approche, un homme me demande l'aumône, une marchande m'offre des oranges; hélas ! hélas ! vous le voyez, tout était comme en Europe ! Ciel et terre, montagnes et rivières, hommes et animaux. Il me semblait que cela n'était pas possible, et que lorsqu'on avait l'honneur de s'appeler Afrique, on devait se donner la peine d'être différente de l'Europe.

C'est ainsi, mes amis, que dans tous mes voyages, j'ai trouvé tout ordinaire vu de près ce qui m'avait charmé de loin. Je vous assure que cette expérience m'a fait

2*

un peu passer le goût des voyages. Vous avez beau faire, où que vous alliez vous trouverez toujours de la terre jaune, des arbres verts, un ciel bleu, des maisons bâties de pierres, les unes grandes, les autres petites ; des hommes qui se battent, des femmes qui se disputent et des enfants qui crient, comme dans ce moment vous entendez crier votre petite sœur. En sorte, mes enfants, que je vous engage, quand vous serez grands, à vous dire, avant de vous mettre en route : ferai-je mieux de partir ou de rester ? En partant, les accidents sont probables, les plaisirs incertains ; et en restant, si je ne vois pas des pays nouveaux, du moins, je ne cours aucun danger et je suis sûr de n'être pas désappointé.

JULES : Mais, papa, tu nous as promis de nous conduire en Angleterre voir la bonne tante, et plus tard à Lyon.....

LE PÈRE : Il paraît que tout ce que je viens de dire ne t'a pas fait passer le goût des voyages?

JULES : Oh! mais, rien qu'à Londres et à Lyon.

LE PÈRE : Oui, pour commencer, et, au retour, tu diras : Rien qu'à Rome et à Constantinople. Mais, enfin, si vous voyagez un jour, rappelez-vous bien ce que je vous dis aujourd'hui : Celui qui voyage pour le plaisir de voir du nouveau et de l'extraordinaire, revient plus d'une fois n'ayant vu à peu près que ce qu'il aurait trouvé dans son village ou dans sa ville, et il retourne plus pauvre, sans être plus savant. Mais, en attendant, je vais vous raconter ce que j'ai vu en Afrique, ne fût-ce que pour vous en épargner le voyage. Mais, vous dormez, je crois? C'est, sans doute, parce que je vous fais le sermon. Réveillez-vous donc, car je vais vous parler d'Oran.

ORAN.

ORAN.

Dessiné et Gravé par Couché.

ORAN.

———————

e vous figurez pas cependant, mes amis, que tout soit en Afrique exactement comme en France. Ainsi, je vous dirai que la première chose qui me frappa à Oran, comme une nouveauté, fut un Bédouin de cinq pieds six pouces, à la figure basanée, à la barbe longue et noire. Une grande couverture de laine, nommée *burnous*, entortillait son corps, et le pan jeté sur son épaule gauche lui donnait quelque ressemblance avec le manteau des empereurs romains. Cet homme, à l'air grave et dont la figure commandait la vénération, était cependant là, nu-jambes, les pieds dans la boue du rivage, attendant le fardeau qui devait charger ses épaules : c'était tout bonnement un portefaix ! Il me semblait que son état était au-dessous de son costume et de sa figure ; j'oubliais que l'habit n'ennoblit pas plus les hommes que la profession ne les avilit, et qu'on peut être menteur, gourmand, paresseux sous un habit de drap fin aussi bien que studieux, sobre et véridique tout en balayant les rues. Allons, mes amis, ne baissez pas la tête ;

il ne s'agit pas de vous; je parle du Bédouin.

Après le Bédouin, la première nouveauté que je rencontrai sur ma route fut une haie d'aloès. Vous pensez peut-être que l'aloès est une essence, parce que vous avez lu dans la Bible qu'il en est plusieurs fois parlé comme d'une drogue aromatique. Ce n'est pas cela, mes enfants. Sans doute jadis, et peut-être aujourd'hui, on pouvait en extraire un parfum. Mais, l'aloès lui-même est une plante grasse aux feuilles très épaisses et longues de plusieurs pieds; au centre de ces feuilles, qui se renversent dès la base, s'élève une longue tige ayant de loin en loin de petites aspérités et diminuant insensiblement de grosseur jusqu'à l'extrémité qui est un peu renflée. Cette tige, de huit à dix pieds de hauteur, a, comme vous voyez, une forme analogue à celle de l'un des légumes servis sur nos tables en Europe ; aussi un soldat français, en débarquant en Afrique, frappé de la forme et de la beauté de cette plante, cria-t-il à son camarade : « Comme les productions sont belles dans ce pays! Vois donc ces asperges! » Lui aussi s'attendait à du merveilleux, mais lui aussi fut bien mystifié.

Un peu plus loin, je vis ce qu'on appelle des figues de Barbarie, mais ce qui ne ressemble guère à nos figues d'Europe. La figue de Barbarie est de la grosseur et de la forme d'une pomme de pin ou de maïs, non pas aussi dure, car elle s'écrase facilement entre les doigts des Arabes, qui en font leur nourriture à une époque de l'année. Pour un pauvre petit sou, un Bédouin, à Alger, s'as-

seoit devant le panier d'une marchande
et mange trente énormes figues de Barbarie. Il me souviendra long-temps de la
première que je mangeai. J'étais pressé
de la goûter et je négligeai de m'informer comment on devait l'ouvrir. Je par-
tageai sa peau de mes deux mains et je
mordis sur l'intérieur. Mais, hélas! je
fus bien puni de ma précipitation! Mes
doigts, mes lèvres, mon nez et mon
menton, tout était hérissé de milliers
d'épines extrêmement fines qui en recou-
vraient la peau. J'avais beau me frotter
les mains, essuyer ma bouche, les épines
s'enfonçaient davantage ou se brisaient
contre ma peau; et la pointe, comme
un dard, restait à la même place. Je
frottai une heure, deux heures, et la
démangeaison en était encore plus forte.
Je me promis bien de ne plus rien man-

ger de ma vie, sans bien savoir ce que j'avais devant moi.

Adolphe : Papa, c'est comme les pastilles d'ipécacuanha et les boulettes d'arsenic de l'histoire que tu nous as racontée, tu sais bien?

Le Père : Oui, mon garçon ; c'est aussi comme les prunes vertes que vous avez prises au jardin, à la campagne, et qui vous ont donné des coliques.

Jules : Papa, c'est Adolphe qui a secoué l'arbre.

Le Père : Et c'est toi qui les as ramassées?

Jules : Mais, elles étaient à terre.

Le Père : Et qui les a mises dans ta bouche?

Adolphe : Je n'en ai mangé que cinq, et Jules a pris toutes les autres.

Le Père : Ce que je vois de plus clair,

c'est que vous en avez mangé tous deux, et que tous deux vous avez eu tort. Mais ce qui m'afflige encore plus, c'est que vous avez à l'instant un tort plus grave, celui de vous disculper quand vous êtes coupables, et, dans ce but, de jeter la faute l'un sur l'autre.

ADOLPHE : Papa, est-ce que les figues de Barbarie sont meilleures que les prunes ?

LE PÈRE : Et toi, Adolphe, dans ce moment tu commets une troisième faute, en employant la ruse pour me faire changer de conversation, et oublier la réprimande que je vous donne. Tu baisses la tête ? Bien ! tu reconnais que j'ai dit vrai et tu avoues tes torts ; ainsi je vous pardonne et je reviens à mon histoire.

JULES : Oui, papa ; et moi je ne veux plus t'interrompre !

Le Père : Non, parce que tu as encore peur de quelques souvenirs de canaris effrayés, ou de prunes volées. Mes enfants, vous voyez que vous ne gagnez rien à penser une chose et à en dire une autre. Vous voyez que je devine vos pensées *malgré* vos paroles. Et si moi, qui ne suis qu'un homme, je puis ainsi pénétrer en quelque sorte dans votre esprit, ne croyez-vous pas que Dieu bien plus habile que moi, le peut encore bien mieux ? Je vous engage donc à parler exactement comme vous pensez ; ou si vous pensez le mal, du moins taisez-vous, ne dites pas le bien.

Tenez, avant de reprendre mon histoire, je veux encore vous dire pourquoi dans ce moment vous gardez le silence : vous vous taisez, parce que vous craignez que je devine encore que vous pensez autre chose que ce que vous pourriez dire.... Et à présent, vous pensez que c'est bien ennuyeux que quelqu'un puisse deviner ce qui se passe dans votre tête ; n'est-ce pas ? Eh bien ! pour vous épargner cet ennui, pour ne pas avoir à redouter que quelqu'un ne pénètre vos pensées, il y a un bon moyen à employer : c'est de chasser de votre esprit les mauvaises idées, dès qu'elles se présentent ; alors quand quelqu'un surprendra ce qui se passe en vous, il n'y verra jamais rien dont vous deviez rougir. Allons, mes amis, c'est fini ; maintenant je ne veux plus faire le sorcier ; je reviens tout de bon à mon histoire.

Tout en regardant autour de moi les aloès et les figuiers de Barbarie, je continuai à suivre une grande route commençant au bas de la ville. Cette route monte, monte toujours; d'abord à travers les champs, ensuite entre quelques habitations éparses et enfin entre deux lignes continues de maisons. Ce grand chemin, peu à peu transformé en rue large et montante, tourne sur lui-même jusqu'au sommet de la ville. De ce point élevé on voit Oran au-dessous de ses pieds; cette vue est très originale. En effet la montagne, au lieu de former le pain de sucre, a plutôt la forme d'un entonnoir dans l'intérieur duquel sont construites les habitations. Cette longue rue forme ainsi un ruban, qui tournoie en spirale et s'élève du fond de la vallée au sommet de la montagne.

En redescendant cette rue, j'étais frappé de l'aspect misérable de toutes ces boutiques de marchands juifs, mahométans, espagnols, italiens et français. Quand je parle de boutiques vous vous représentez peut-être les magasins de la rue de la Paix, à Paris, ou du passage de Largue, à Lyon, ou bien encore la rue Paradis, à Marseille? et peut-être avez-vous devant les yeux les bonbons de Castelmuro? Ce n'est pas cela du tout, mes enfants. Les boutiques d'Oran, du moins dans cette rue, ne sont autre chose que trois murailles de terre : une sur chaque côté et la troisième dans le fond ; le tout est recouvert d'un toit qu'on pourrait atteindre de la main en restant dans la rue. Dans ces boutiques, personne n'entre ; car le plancher au lieu d'être au niveau des pieds de l'acheteur se trouve à la hauteur de sa ceinture ; en sorte que le marchand pour se trouver face à face avec celui-ci, se tient, non pas debout, mais assis les jambes croisées sur le plancher. Le magasin est si petit que le Juif ou le Musulman, tout en fumant sa pipe et sans se déranger, peut, en étendant la main à droite et à gauche saisir toutes ses marchandises. La devanture de ces misérables baraques est plus misérable encore : elle se compose de trois ou quatre planches, qui glissent dans deux rainures placées à droite et à gauche. Le tout est traversé par une faible chaîne arrêtée elle-même par un mauvais cadenas. Personne ne couche dans ces maisonnettes et cependant jamais, ou du moins bien rarement il ne s'y commet un vol. Ce n'est pas que les voleurs arabes soient moins nombreux à Oran que les voleurs français à Paris ; mais ils sont sans doute retenus par la crainte qu'ont laissée empreinte dans leur âme les punitions sévères de l'ancienne

administration turque. A Alger ces boutiques, dans quelques quartiers, ont à
leur porte, étendus pendant la nuit, des
bédouins portefaix. Ceux-ci, loin d'y rien
dérober, deviennent de véritables gar-
diens pour ces magasins. Pour le dire en
passant, c'est une chose étrange pour un
Européen de trouver ainsi, en rentrant
chez lui le soir, des hommes couchés à
terre à chaque coin de rue. Vous croyez
heurter contre une borne, et cette borne
se lève droite et vous grogne ! Ce n'est pas
une chose moins étrange de voir ces hommes qui, pour vêtement de travail et de
fête, d'été et d'hiver, n'ont que leur
burnous ; pour lit que leur burnous ; pour
couverture que leur burnous ; et pour
chambre enfin que leur burnous encore !
Leur nourriture est tout aussi simple que
leur costume. Ils achètent un petit pain

jaune, surmonté de quelques grains d'épice ; ils font rôtir, dans ce qu'on appelle un four de bédouin, et qui se vend deux sous, quelques beignets ou quelques débris de viande que nous donnons habituellement au chat ; ainsi, avec trois ou quatre sous par jour, ils se nourrissent, vivent et travaillent tout aussi bien que nous. Cela vous montre, mes enfants, que nous, qui avons potage, entrée, rôti, plat doux et dessert, nous mangeons beaucoup plus par habitude et par gourmandise que par un véritable besoin. Si nous étions sobres, comme les bédouins, pendant notre jeunesse, nous serions plus certainement à l'abri de la misère dans notre vieillesse et dans nos maladies, et en meilleure santé durant notre vie entière.

Mais j'oubliai, mes enfants, que j'é-

tais à Oran. J'allais poursuivre mes excursions dans la ville lorsque, tout-à-
coup, j'entendis un coup de canon. C'é-
tait le signal du départ de notre navire.
Il me fallut donc courir au bord de la
mer ; j'arrivai à temps, et nous partîmes
pour Alger, où nous serons bientôt ensemble. Pour arriver, moi, je dus naviguer encore long-temps ; mais, pour
vous, il vous suffira de tourner le feuillet.

ALGER.

Dessiné et Gravé par Cécile.

ALGER.

ALGER.

es enfants, il m'est bien difficile de vous donner une idée
exacte d'une ville qui ne ressemble en rien à toutes cel-
les que vous avez vues en France. Je vais
cependant essayer de le faire. Mais je
vous avertis que si vous ne m'écoutez pas
attentivement, vous ne me comprendrez

pas ; et, si vous ne me comprenez pas,
vous n'aurez aucun plaisir à entendre
mon histoire. Ainsi donc, attention !

Quand notre bateau à vapeur arriva en
vue d'Alger, et qu'il touchait presque au
port, je dormais dans ma chambre ; en
sorte que, lorsque je montai sur le
pont, je me trouvai tout-à-coup en face
de la ville ; je la vis d'un seul coup-d'œil ;
vous allez comprendre pourquoi. Alger
est construit sur la pente d'une montagne
inclinée qui vient se terminer au bord de
la mer. L'ensemble des maisons couvre
toute la hauteur de la colline ; si bien
que les unes se baignent dans les eaux du
rivage et les autres se dessinent dans l'a-
zur des cieux. Cette masse de construc-
tions, vaste vers sa base au bord de la
mer, diminue de largeur en s'élevant, et
va finir en pointe au sommet de la col-

line. Cette pyramide est couronnée par
la *Casoba*, habitation immense où jadis
le dey renfermait ses trésors, aujourd'hui
transformée en caserne pour le soldat
français. La montagne sur laquelle la
ville est ainsi couchée se prolonge vers
la gauche, et sur sa pente sont semées
de jolies et gaies maisons de campagne ;
quand le terrain est venu de ce côté,
s'abaissant peu à peu, se perdre dans la
plaine, celle-ci continue à s'étendre encore quatre ou cinq lieues, en s'arron-
dissant autour de la mer et ramenant sa
pointe en face de la ville. L'aspect d'Alger
est véritablement étrange ; toutes les
maisons sont blanches, et d'autant plus
blanches, qu'on ne voit pas un seul point
noir annonçant une croisée, pas un seul
toit de briques rouges. Là, nos façades
françaises sont remplacées par de gran-

des murailles unies, nos toits par des terrasses blanchies; en sorte que tout y est blanc comme la neige, et que de loin on croirait voir une grande et belle lessive de linge étendue dans une prairie; et de près, c'est l'aspect d'une immense carrière de marbre, dont les blocs déjà détachés sont indiqués par les terrasses échelonnées de cette foule de maisons. S'il existait des géants de cinquante ou cent pieds de hauteur, comme on les représente dans les contes de fées, ils pourraient prendre cette ville pour un escalier conduisant au sommet de la montagne, et chaque terrasse leur servirait de degré pour poser leurs pieds immenses.

Mais, descendons de ce vaisseau; nous y sommes depuis assez long-temps. Dès que j'eus mis pied à terre, je fus assailli par une vingtaine de bédouins qui voulaient à toute force porter mes malles, et qui se les arrachaient les uns aux autres; les plus agiles avaient toujours raison, et les autres se contentaient de leur crier des injures. Vous voyez que c'est partout de même, en Afrique comme en France. Mais voici une ressemblance à laquelle je ne m'attendais guère : je m'étais imaginé que ces gens-là allaient me parler arabe, et...

JULES : Est-ce qu'ils parlent français ?

LE PÈRE : Non.

ADOLPHE : Allemand ?

LE PÈRE : Non.

JULES : Italien ?

LE PÈRE : Non.

ADOLPHE : Espagnol ?

LE PÈRE : Non.

JULES ET ADOLPHE : Eh ! quoi donc ?

LE PÈRE : Ils parlent toutes ces langues à la fois ! c'est-à-dire qu'ils se sont fait un baragouin composé de mots italiens, français, espagnols et arabes, et qui leur sert à se faire comprendre de toutes les nations. Ils y réussissent très bien. Vous allez voir combien leur langage est facile. Leurs verbes n'ont qu'un seul temps : c'est l'infinitif. Dis-moi, Jules, qu'est-ce que l'infinitif?

JULES : C'est comme *aimer, recevoir.*

LE PÈRE : Eh bien! les Arabes, en s'adressant aux Européens, leur disent toujours : *mangiar, volir, sabir,* et chacun comprend bientôt que cela veut dire : *manger, vouloir, savoir.*

ADOLPHE : Oui; mais pour dire, je veux, tu veux, il veut ?

LE PÈRE : Rien de plus facile : *mi volir, ti volir.*

ADOLPHE : Mais, pour les temps du passé et de l'avenir?

LE PÈRE : Oh! d'abord, ces gens-là ne s'inquiètent guère du passé ni de l'avenir; pour eux tout est dans le temps présent. D'ailleurs, ils peuvent dire : *mi volir mangiar tout de suite, et mi volir travaillar demain.* Comprends-tu, Jules?

JULES : Oh! très bien.

ADOLPHE : Mais, pour nommer tous les objets, il faut bien d'autres mots?

LE PÈRE : C'est juste ; aussi ils ont des substantifs italiens ou espagnols: *la caza, lou padron*; c'est-à-dire, *la maison, le maître*; ainsi avec quelques noms pour les choses les plus usuelles; avec quelques pronoms : *mi, ti*; et enfin avec quelques infinitifs, ils se tirent d'affaire. Il est vrai qu'ils parlent autant avec la tête, les bras et les jambes qu'avec la langue.

JULES : Comment, ils parlent avec le bras?

ADOLPHE : Nig..., non, je veux dire, que cela signifie qu'ils font des gestes.

LE PÈRE : Et que toi, tu allais dire, nigaud, à ton frère; mais tu t'es repris, c'est bien, mon garçon; j'aime à voir que tu cherches à te corriger. Embrasse-moi, et continuons.

Voilà donc mes bédouins qui me crient à tue-tête : *ti volir mi portar?* mais comme il y avait là un vieillard qui ne pouvait pas s'approcher assez pour me faire ses offres de services, repoussé qu'il était par les autres, ce fut précisément celui-là que je choisis pour lui faire gagner quelque argent.

JULES : Mais, papa, il n'était pas assez fort pour porter une malle?

LE PÈRE : Mais, mon ami, ce vieillard

avait un fils qui accourut au premier signe de son père, et voici comment ils s'y
prirent, selon la coutume du pays, pour
porter leur fardeau : ils firent passer deux
cordes sous la malle déposée à terre, les
bouts de ces cordes ramenés sur les deux
côtés vinrent se réunir et se nouer à la
hauteur de la main ; les deux porteurs
passèrent dans cet anneau une longue et forte barre de bois ; ensuite se
courbant un peu et plaçant chacun son
épaule sous l'extrémité du bâton, ils se
redressèrent, soulevèrent le fardeau
alors porté comme on porte un lustre,
et ils coururent ainsi chargés, en criant
à ceux qui leur barraient le passage :
balek! balek! c'est-à-dire, prends garde!
prends garde! A Alger, les rues sont si
étroites, les porteurs si embarrassants,
les troupeaux d'ânes si nombreux, les

chameaux si gros et les passants si foulés,
que constamment vous entendez crier
derrière vous : *balek! balek!* Seulement il
y a quelques Bédouins qui pour faire
croire qu'ils savent parler français, ai-
ment mieux dire : *pends gade! pends
gade!* comme il y a aussi des Français
qui pour faire supposer qu'ils savent
l'arabe, disent : *balek! balek!* Vous voyez
donc que la vanité est de toutes les nations.

Ce qui me frappa le plus vivement en
entrant dans la ville, ce fut l'étroitesse
des rues. Dans un grand nombre d'entre
elles, deux personnes, marchant l'une à
côté de l'autre, toucheraient à droite et
à gauche la muraille; ce qui les fait paraître encore plus étroites, c'est que les
maisons se rapprochent au-dessus de la
tête des passants et que souvent à la hau-

teur du premier étage, elles ne laissent plus entr'elles qu'un étroit passage, par lequel on peut à peine apercevoir le ciel.

JULES : Les Arabes sont donc bien...

LE PÈRE : Bien bêtes, tu allais dire? Non ; pas plus que nous. Ce n'est pas sans raison qu'ils bâtissent ainsi. Le soleil est si brûlant dans ce pays que si des rues plus larges laissaient trop facilement pénétrer ses rayons, il ne serait plus possible à personne de parcourir la ville en été. Vous voyez donc que pour cela, comme pour tout ce qui nous étonne, avant de nous en moquer, il faut nous informer s'il n'y a pas une bonne raison pour qu'il en soit ainsi.

ADOLPHE : Et les voitures?

LE PÈRE : Oh ! les Arabes n'ont ni voitures, ni omnibus ; ils vont à pied ou à cheval, sur le dos d'un âne ou d'un chameau; mais, ils n'ont pas d'équipage.

Malgré l'étroitesse des rues, mes bédouins transportèrent très lestement mes paquets à mon hôtel. Je devrais ici, mes enfants, vous décrire l'intérieur d'une maison algérienne. Mais ce serait exactement la même description que je vous ai donnée pour une maison orientale, dans l'histoire de *la Reine;* ainsi, si vous l'avez oubliée, c'est là que vous irez la chercher. Mais puisque je me trouve à l'hôtel et que j'ai bien dîné, je vais vous conduire au café, et qui mieux est, au café maure! Pour vous y rendre vous n'avez qu'à passer par la gravure.

Nous entrons, nous descendons deux marches. Nous voilà dans une longue pièce noire et étroite. De chaque côté, le long de la muraille est placé non pas un banc, mais plutôt une étagère large et assez éle-

Mon voyage en Algérie.

Dessiné et Gravé par Couché

CAFÉ MAURE.

vée; elle est couverte d'un mauvais tapis.
Voyez sur la droite ce petit feu où se pré-
pare le café; regardez cette mauvaise
petite lampe qui, en plein midi, laisse le
fond dans une demi-obscurité; cet
Arabe assis dans le fond, une espèce de
guitare à la main, qui chante comme s'il
pleurait, est posté là pour amuser les
maures fumant leur pipe et prenant chacun non pas sa tasse, mais bien cinq ou
six tasses de café. Vous cherchez une table? Il n'y en a pas ici; on s'asseoit sur
ces bancs, les jambes croisées, et l'on tient
sa tasse à la main. Vous voulez des cuil-
lers à café? Mais, regardez; tous ces
Maures s'en passent; voyez comme ils
font tourner le café dans leur tasse avec
le bout du doigt. Vous croyez peut-être
que c'est afin de faire fondre le sucre?
Pas du tout; il n'y a point de sucre là de-

dans; ils agitent leur café pour faire monter le marc du fond à la surface et pour l'avaler tout d'un trait! Tu n'aimes pas cela Jules? attends un moment, je vais demander du café à la française, c'est-à-dire, sucré et plus clair. — Vous voyez que personne ici ne joue, personne ne parle; il n'est pas même certain que quelqu'un pense; mais tout le monde boit, fume et écoute la complainte du chanteur arabe en balançant sa tête. Je pense que vous en avez assez comme cela. Payons : nous avons trois tasses; voilà trois sous.

Jules : Papa, ce n'est pas assez !

Le Père : Pas assez? Sais-tu bien que dans d'autres cafés maures, on paie le café deux liards la tasse? Je suis donc généreux, car pour trois tasses je donne trois beaux sous.

Puisque nous voilà dans la rue, faisons un tour de promenade; venez faire connaissance avec cette foule qui se presse, se coudoie plus serrée et plus active que celle qui s'agite dans les rues de Paris. Je suppose toujours que vos yeux se promènent sur la gravure.

Il faut vous dire d'abord, que vous avez sous les yeux des hommes de dix nations différentes. Ceux que vous voyez habillés de drap bleu, une calotte noire ou un mouchoir autour de la tête, sont des Juifs; vous les reconnaîtrez aussi à leur figure amaigrie, à leur nez à la romaine, à leur air affairé et cependant craintif, le dos courbé, les genoux fléchissant comme s'ils avaient peur du bâton. S'il se rencontre sur le passage d'un Français, d'un Maure, d'un Bédouin ou d'un Nègre, le Juif s'écarte pour les laisser passer ; s'il les gêne encore tant soit peu, le Nègre ou le Bédouin lève son bâton et le Juif tremblant, ployant encore plus les épaules, se retire en silence. Cela ne doit pas vous étonner, mes enfants, car Dieu l'avait ainsi prédit. Dans la Parole qu'il a fait écrire il y a 4,000 ans, il est dit : « Quant à ceux qui demeureront de » reste d'entre vous, je rendrai leur » cœur lâche lorsqu'ils seront au pays » de leurs ennemis, de sorte que le bruit » d'une feuille agitée les effraiera, et » qu'ils fuiront comme s'ils fuyaient » devant l'épée. »

Ceux que vous voyez jambes nues, enveloppés d'un grand manteau de laine blanc et dont quelques uns portent des vestes de couleur très étroites, sont des Maures; ce châle tordu qui ceint leur tête se nomme un turban. Regardez celui

qui vient de se découvrir; il a la tête ra-
sée, il ne lui reste qu'une touffe de cheveux sur le sommet. Les Musulmans la
conservent avec soin, parce qu'ils sont
persuadés que c'est par là que Mahomet
viendra les saisir, après leur mort, pour
les transporter dans le Ciel. Vous voyez
qu'ils se font de bien fausses idées, puisqu'ils pensent qu'un peu de cheveux sur
la tête doit influer sur leur sort éternel, et
qu'ils ne songent pas que c'est uniquement au cœur que Dieu regarde, c'est-à-
dire à nos sentiments de charité ou de
haine pour notre Créateur, et de dévoue-
ment ou d'égoïsme envers nos frères.
Pensez-vous, mes enfants, que si un
homme de bien était chauve, Dieu pour
cela lui fermerait le paradis?

Adolphe et Jules : Oh! non.

Le Père : Et pensez-vous que si un

méchant mourait avec une belle chevelure, cela l'empêchât d'aller en enfer?

Adolphe : Non plus.

Le Père : Eh bien! mes enfants, si notre belle chevelure ne sert à rien pour notre salut, notre figure, nos mains, tout notre corps n'y contribue pas davantage. Et si notre corps, quelque beau qu'il soit, ne peut rien pour nous sauver, notre vêtement simple ou brillant fera-t-il pour notre âme quelque chose de plus? Et l'argent dont nous l'avons acheté, vaudra-t-il mieux que le vêtement lui-même devant Dieu? Non, mes enfants. Ainsi, dites-vous bien que beauté, richesse, tout cela n'a aucune valeur aux yeux de notre juge, dont toutes les questions se réduiront à celle-ci : as-tu fait le bien ou le mal? et non pas : étais-tu grand ou petit, pauvre ou riche?

Mon voyage en Algérie.

Dessiné et Gravé par Gaches.

COSTUMES ALGÉRIENS.

Je reviens à notre promenade. Rappelez-vous que nous sommes à Alger,
sur la place du gouvernement. Regar-
dons passer les promeneurs. Vous voyez
que s'il y a beaucoup de Maures, il y a
bien peu de Mauresques. Elles sor-
tent rarement ; même quand elles quit-
tent la maison, elles sont si bien envelop-
pées qu'en vérité on peut dire que, dans
la rue, elles sont encore dans une prison
de vêtements. En voici venir une ; elle
est vêtue de blanc des pieds à la tête.
Vous n'apercevez ni ses mains ni sa figure.
Elle porte un pantalon large qui vient se
serrer par un cordon vers la cheville du
pied ; une grande pièce de laine fine qui
l'enveloppe de toutes parts, descend jusqu'aux genoux, monte jusque sur sa tête,
et vient se rabattre encore sur le front.
Un mouchoir ployé en forme de pointe,

passe sur son nez, s'attache derrière sa tête et couvre le bas de son visage; si bien que son manteau lui descendant sur le front, son mouchoir lui montant sur le nez, on ne peut plus apercevoir que ses yeux. D'un autre côté, comme de ses deux mains elle ramène et croise devant elle les pans de sa couverture, cette femme se trouve si complètement enveloppée, que vous croiriez voir un paquet de linge qui se promène.

Mais voici qui n'est pas moins curieux : voyez cette Juive, au visage découvert, la tête surmontée d'un bonnet de la forme d'un pain de sucre, et le double plus long. Voyez ce voile de gaze légère fixé à la coiffure; à l'opposé de celui de nos dames françaises, il est fermé derrière et s'entr'ouvre sur le devant; ainsi la Juive qui le porte, peut facilement se voiler ou se

découvrir la figure. Celle-ci porte un
singulier ornement, c'est une longue
et large queue d'étoffe tissue d'or; sa
robe de soie, à manches courtes, bro-
dées d'or et d'argent, tombe raide et
pesante comme un rideau de nos croisées; ses bras sont à demi couverts
d'une mousseline ample et transpa-
rente. Après avoir admiré la parure de
cette Juive, regardez à ses pieds : elle
porte des pantoufles! On dit que sous la
domination musulmane, il était défendu
aux Juifs d'Alger de chausser des souliers,
afin de leur imprimer ainsi, alors même
qu'ils étaient riches, un sceau de servi-
tude et de honte; en sorte qu'ils ont beau
se parer, beau s'enrichir, toujours on
peut dire : voilà la marque de leur dégra-
dation! Ils seraient couverts d'or et de
diamants du sommet de la tête jusqu'à la

cheville, que le pied serait encore couvert de l'ignominieuse pantoufle. C'est
ainsi, mes enfants, qu'un sot a beau
faire grande toilette, dès qu'il parle on
reconnait une bête. De même, Adolphe,
c'est en vain que tu te redresses dans ton
habit bleu galonné et que tu prends des
airs d'importance; tes airs et ton habit
n'empêchent personne de reconnaître à
ta taille un petit garçon de 9 ans. Alors
même que tu aurais une cravate montante au lieu d'une fraise renversée, alors
même que tu porterais canne, bottes et
chapeau rond, un passant pourrait encore appuyer sa main sur ta tête et t'appeler petit garçon; car il te manque
encore un chose pour être un homme :
c'est d'avoir deux pieds de plus. Ainsi,
pour quoi que l'on veuille se donner en
apparence, on est toujours pris pour ce

que l'on est en réalité; toujours sous la robe de soie brodée d'or, on aperçoit la pantoufle?

Regardez de ce côté : voici le costume, non pas le plus riche, mais le plus simple que l'on puisse trouver. Voyez cette Négresse offrant son pain aux passants. D'autres vendent des oranges, des fruits secs, des légumes, des glands; elles ont toutes pour vêtement, une grande enveloppe de couleurs bariolées qui ressemble exactement à une pièce entière de nos mouchoirs de poche de coton. Comme les Nègres, les Juifs et les Bédouins pauvres, elles sont nu-pieds.

Jules : Papa, tu as dit qu'elles vendaient des glands; pour quoi faire?

Le Père : Pour les manger.

Jules : Mais les glands sont pour les cochons?

LE PÈRE : Et pour les hommes dans ce pays.

JULES : Mais personne ne mange de glands à Paris?

LE PÈRE : C'est vrai, mon ami, mais il ne faut pas juger un pays par un autre. N'as-tu pas lu dans l'histoire de l'enfant prodigue, que dans sa misère il aurait bien voulu se rassasier des glands que mangeaient les pourceaux, mais que personne ne lui en donnait?

JULES : Oui, papa; cela m'a paru singulier.

LE PÈRE : C'est qu'en Orient, comme en Afrique, il existe une espèce de glands bien meilleurs que les nôtres et que l'on mange même avec plaisir. Quand tu rencontreras ainsi dans la Bible quelques autres passages qui te paraîtront étranges, tu feras bien de ne pas t'en étonner et de te dire : c'est que je suis encore trop ignorant pour comprendre ces choses; mais tout cela n'en est pas moins vrai, et d'autres plus savants que moi pourraient me l'expliquer.

C'est ainsi, mes enfants, qu'un grand nombre de passages de la Bible, qui jadis m'avaient paru étranges ou obscurs, sont devenus depuis lors clairs et satisfaisants pour moi. Par exemple, je ne comprenais guère l'importance que les personnages de la Bible donnaient à une source, à une fontaine ou à la pluie, ou seulement à un peu d'ombre. Mais je le compris lorsque je sentis le soleil d'Afrique darder sur ma tête, lorsque je vis combien l'eau était rare et le prix qu'attachent encore aujourd'hui les habitants de ces contrées à la découverte d'une source ou à

la construction d'une fontaine. Ainsi,
tandis que chez les chrétiens les hommes riches et charitables élèvent à leur
frais un hôpital ou un hospice, les musulmans fortunés et fervents font cons-
truire une fontaine publique. Je n'avais
jamais bien compris comment les amis
du paralytique avaient pu le descendre
par le toit : mais, lorsque j'eus vu les
maisons, construites avec une cour in-
térieure, une galerie autour à chaque
étage, et nos toits remplacés par une
terrasse; la descente d'un homme sur
son petit lit, par le haut d'une maison,
me parut très facile. Je vous dirai même
que j'en ai fait moi-même l'expérience.
Comme les amis du paralytique, aidé
de mes amis, j'ai fait monter et descendre, suspendu à des cordes, des objets
qui n'auraient pu passer par l'escalier.

ADOLPHE : Moi, ce qui m'avait le plus étonné, ce n'était pas qu'on eût descendu le paralytique par le haut d'une maison, mais c'était qu'un paralytique, couché sur une place publique, eût la force, après avoir été guéri par Jésus, de charger son lit sur ses épaules et de marcher avec ce pesant fardeau.

LE PÈRE : Et tu trouvais cela sans doute plus étonnant que la guérison du malade?

ADOLPHE : Non, papa; puisque Jésus était le Fils de Dieu, il n'est pas surprenant qu'il ait fait des miracles; mais le lit...

LE PÈRE : Tu as raison, mon ami; un lit pesant, porté sur des épaules, n'était pas nécessaire après la guérison de la paralysie pour prouver la puissance de Jésus-Christ. Mais il faut te dire que le

transport du lit du malade était non
pas un second miracle, mais une chose
tout ordinaire ; car ce lit n'était pas de
fer comme le tien, ni même de bois
comme le mien ; c'était tout simplement une natte de jonc ou de
paille, comme j'en ai souvent vu en
Afrique servir de lit aux Musulmans, soit
dans leur chambre, soit en plein air.
Tu vois donc que porter un tel lit est
une chose bien facile.

JULES : Moi, ce qui m'a étonné dans la
Bible, c'est qu'il y est dit qu'on ne met
pas le vin nouveau dans de vieux vaisseaux. C'est bien sûr qu'on ne met pas
le vin dans des vaisseaux !

ADOLPHE : Ce n'est pas ça ! Vaisseaux,
cela veut dire des outres, et je sais que
les outres sont des peaux que l'on rem-
plit de tout ce que l'on veut.

Jules : C'est égal, on met le vin dans des tonneaux et non pas dans des outres.

Le Père : Vous avez tous deux raisons ; mais votre discussion me rappelle que j'ai vu à Alger des hommes dont les vêtements ruisselaient d'huile brillante au soleil. Quand ils passaient, ils n'avaient pas besoin de crier : *Balek !* Tout le monde s'écartait pour ne pas les toucher.

Jules : Pourquoi ?

Le Père : C'est que les mêmes personnes qui ne veulent pas se donner la peine de faire un pas de côté pour laisser passer un homme chargé d'un fardeau ordinaire, se retirent bien vite lorsqu'elles craignent de prendre une tache ; elles ne font pas par charité pour leurs frères ce qu'elles font très bien par in-

térèt pour leur habit. Je vous disais
donc que ces hommes, couverts d'huile,
portent sur le dos une peau de bouc qui
n'a ni pieds ni tête. Vers le cou et vers
les jambes la peau est fortement liée
d'une corde; ainsi son intérieur se trouve
bien clos de tous côtés. Tenez, cela ressemble à une vessie gonflée d'air; seulement la peau de bouc est beaucoup plus
grosse que la vessie.

JULES : Alors, c'est comme un ton-
neau?

LE PÈRE : Précisément; et, maintenant, tu comprends comment on peut
la remplir d'huile, et tu comprends aussi
pourquoi la Bible dit qu'on peut mettre
du vin dans des outres.

Il serait trop long, mes enfants, de
vous énumérer tous les objets que j'ai
vus en Afrique, qui m'ont fait mieux

comprendre les passages où ces mêmes
objets étaient nommés dans les Saintes
Écritures. Je me bornerai donc à vous
en indiquer quelques uns ; cela aura de
plus l'avantage de vous faire mieux connaître les usages du pays dont je vous
parle.

J'ai vu en Afrique des Bédouins coucher sous des tentes tissées de poil de
chameau, et lier leur burnous sur la
tête avec une corde faite du même poil ;
alors j'ai trouvé tout naturel que Jean-
Baptiste eût une ceinture de poil de
chameau. — J'ai pris dans la plaine des
sauterelles énormes, et j'ai compris comment ce prophète pouvait s'en nourrir.—
J'ai souvent rencontré dans les rues des
troupeaux de vingt ou trente petits ânes
chargés ; et je me suis rappelé qu'il était
fait mention plus d'une fois de tels trou-

peaux dans l'histoire des patriarches. —
Les Juifs d'Alger, se régalant des entrailles
d'un mouton, m'ont fait mieux comprendre comment cette partie de l'animal pouvait être jadis estimée comme le
meilleur morceau. — Les Arabes, vivant de figues, de dattes, de jujubes
conservées, m'ont remis en mémoire ces
fruits secs si souvent servis dans les re-
pas de l'Ancien-Testament. — Ces cru-
ches algériennes, au ventre ovale et au
col allongé, que nous appellerions aujourd'hui des urnes antiques, m'ont fait
souvenir de l'histoire de Rébecca. —
Enfin, il n'est pas jusqu'aux expressions
de la langue qui ne soient une confirma-
tion de l'exactitude de ce que dit la Parole de Dieu : un Juif d'Alger disait en
arabe : « Je ne *romprai* jamais le pain
avec cet homme; » et, en entendant

cette parole, j'eus aussitôt devant les yeux ce passage du Nouveau Testament : « Jésus *rompit* le pain. »

Puisque je suis en train de vous parler des usages des Algériens, je vais vous donner quelques détails sur leurs mœurs. Mais n'ayez pas peur, mes enfants, je ne veux pas vous faire de longues et ennuyeuses explications : ce seront encore tout simplement des histoires.

J'allai un jour me promener à *Bab-el-Oued*, du côté du cimetière des Juifs. Je trouvai là deux jeunes filles arrêtées devant une tombe. Toutes deux poussaient des cris affreux, tiraillaient leurs vêtements jusqu'à les déchirer, se frappaient la poitrine, et de leurs ongles s'égratignaient la figure jusqu'à l'ensanglanter. Surpris d'une telle expression de cha-

5

grin, je m'arrêtai un moment, et je les regardai sans être aperçu. Tout-à-coup l'une d'elle suspend ses cris, cesse ses gestes, rajuste ses vêtements, reprend une figure calme et reste immobile à attendre son amie qui continuait ses démonstrations de poignante douleur. Enfin, comme elle attendait déjà depuis quelques secondes, elle dit à celle qui se lamentait toujours, du ton le plus calme et le plus simple du monde, comme s'il s'agissait d'un travail : « J'ai fini; as-tu bientôt fait, toi? Dépêche-toi, et partons. » J'étais confondu d'étonnement! Ces cris, ces pleurs, cette violence de mouvements, ces vêtements déchirés et en désordre, tout cela n'était donc que pour la forme? En effet, c'était là une cérémonie en l'honneur du mort qu'elles devaient pleurer, par ordre de leur religion.

Une autre fois j'entrai dans une synagogue pendant le service religieux. Le
grand prêtre lisait la Bible, et pendant
ce temps, tout le monde causait, riait,
allait, venait, ou restait assis, le chapeau
sur la tête. En me voyant entrer, un Juif
vint me prendre par la main et il m'ex-
pliqua à haute voix, dans le Temple,
tout ce que j'avais sous les yeux. Vous
voyez, mes enfants, que leur culte divin
n'était pas mieux senti que leur cérémonie funèbre.

Enfin, un autre jour, j'allai dans une
maison habitée par une famille juive et
par une pauvre femme chrétienne que je
venais visiter. A mon entrée dans la cour,
une odeur infecte vint m'obliger à me
boucher le nez. « Qu'est-ce qui sent si
mauvais ?» dis-je à la pauvre femme:—
«C'est que les Juifs font leur cuisine,» me

dit-elle. — « Et qu'est-ce que toute cette eau dont la cour est inondée ? » — « C'est qu'aujourd'hui, comme tout les huit jours, les Juifs ont fait leurs ablutions ordonnées par Moïse ; c'est-à-dire qu'ils ont tout lavé chez eux, plancher, meubles, ustensiles et personnes. » — « Comment, repris-je, tant se laver et sentir si mauvais ? » — « Oh ! ils font semblant ; ils passent de l'eau sur tous les objets, et voilà tout. »

Vous le voyez, mes enfants, tout se fait chez ces Juifs uniquement pour la forme. Ils ne songent pas seulement que Dieu a dit de l'aimer, d'être juste et charitable ; mais ils ne manqueraient pas pour tout au monde, d'accomplir telle ou telle cérémonie extérieure. C'est bien là le peuple de Pharisiens dont Jésus disait : « Ils lavent les dehors de la coupe et du plat, tandis qu'au dedans, ils sont pleins de pourriture. »

ADOLPHE : Les chrétiens ne font pas tout cela; ils valent bien mieux que les Juifs.

LE PÈRE : C'est ce qui te trompe, mon ami : il est beaucoup de chrétiens qui font exactement de même. Par exemple, j'ai vu à Paris, non dans une synagogue juive, mais dans un temple chrétien, deux petits garçons qui, tandis que le pasteur lisait l'Évangile, causaient ensemble, riaient de ce que l'un de leurs camarades dormant était près de se laisser tomber de sa chaise. A la fin du service, ces deux enfants se sont tenus debout pour suivre la prière du pasteur; ils l'entendaient, mais ils ne l'écoutaient pas ; leurs mains étaient jointes, leur tête baissée, mais ils pensaient à tout autre chose qu'à leur Dieu ; car l'un balançait sa jambe, l'autre avait déjà un pied levé pour partir ; il tendait l'oreille pour entendre le mot *Amen*, et lever aussitôt le talon. Vous voyez donc que ces deux enfants chrétiens n'étaient non plus à l'Église que pour la forme. En apparence ils avaient de bonnes pensées ; en réalité, ils en avaient de mauvaises ; ils songeaient non pas à Dieu, mais à leurs plaisirs. — Maintenant, mes amis, vous rappelez-vous les paroles que Jésus adressait aux Pharisiens ?

Jules : Oui : « Ils lavent les dehors de la coupe et... »

Le Père : C'est cela ! Vous voyez donc que tous les formalistes ne sont pas chez les Juifs, et qu'il s'en trouve bon nombre parmi les chrétiens.

Mais, en voilà assez sur les Juifs. Faisons connaissance avec les Maures et leurs habitudes. Je vais vous raconter la visite de l'un d'eux à son ami. Le voici ; il part de chez lui ; marche gravement, la tête levée, et il arrive sans se hâter à la maison d'un autre Musulman. Il frappe à une porte basse toujours fermée ; il entre et s'asseoit dans le vestibule. Son ami descend le recevoir ; car si, à Paris, les Français reçoivent les visites au salon, à Alger, les Maures, au contraire, les reçoivent à l'antichambre. Cependant quand un Maure donne une fête à ses amis, il les introduit dans un appartement de l'intérieur destiné à cela et d'où sa femme ou ses filles sont alors complètement exclues. Mais je vous parle ici d'une simple visite. C'est donc au vestibule qu'on se rencontre. En s'abordant nos deux amis saisissent d'une main leur barbe, portent l'autre sur leur poitrine et ils s'inclinent légèrement. Cela fait, ils se redressent et l'un dit : *Ouache-al-ek ?*

L'autre répond : *Ouache enta ?*

Le premier reprend : *Ouache-al-ek ?*

Le second redit encore : *Ouache enta ?*

Et ainsi de suite, ils répètent tour à tour :

— Ouache-al-ek ?

— Ouache enta ?

— Ouache-al-ek ?

— Ouache enta ?

Trois, quatre, cinq fois de suite, dans la juste proportion du plaisir qu'ils ont à se revoir.

Jules : Mais qu'est-ce que cela veut dire ?

Le Père : C'est le plus curieux : ces deux phrases sont deux questions que les Maures s'adressent, l'un à l'autre, et auxquelles ni l'un ni l'autre ne répondent. L'un dit : comment te portes-tu ?

L'autre répond : comment vas-tu ?

Et ainsi de suite,

—Comment te portes-tu ?

—Comment vas-tu ?

Jusqu'à ce qu'enfin ils prennent place l'un à côté de l'autre sur un banc de pierre placé dans ce vestibule, très satisfaits tous deux de s'être informés mutuellement de leur santé sans en avoir rien appris.

ADOLPHE : Mais c'est bien ridicule de se questionner et de ne pas répondre ?

LE PÈRE : Oui, mon garçon, c'est ridicule comme tous nos compliments d'usage sont ridicules. Tu sais bien que les Anglais se rencontrant dans la rue se crient sans même s'arrêter : *How do you do ?* et qu'ils sont déjà loin l'un de l'autre avant d'avoir pu se répondre. Nous Français, nous faisons mieux : l'un adresse la question et l'autre la réponse; mais à la vérité, c'est sans penser ni à l'une ni à l'autre.

J'en reviens à la visite algérienne. Voilà donc nos deux Maures assis, fumant leur pipe, et ici commence la conversation. Le plus ordinairement elle se tient en ces termes : « . . . .
» . . . .
» . . . .
» . . . . »

Jules : Mais, papa, tu ne dis rien?

Le Père : Je fais comme le premier Musulman.

Adolphe : Et à cela que répond l'autre?

Le Père : Le voici : « . . . .
» . . . .
» . . . . »

Adolphe : Mais tu ne parles pas davantage ?

Le Père : C'est la réponse du second Musulman.

Jules : Ils ne disent donc rien ?

Le Père : A peu près. Un jour j'en regardais trois ou quatre assis dans un vestibule donnant sur la rue et dont la porte était ouverte. Je fus curieux de savoir combien de temps ils garderaient le silence, et je me plantai là pour les regarder et attendre. Il s'écoule une minute, deux minutes, cinq minutes ; mais pas une parole ne sort de leur bouche. Enfin, l'un retire lentement sa pipe de sa bouche, entr'ouvre les lèvres ; moi je tends l'oreille... et il laisse sortir peu à peu une longue bouffée de fumée blanchâtre.

Jules : Ensuite que dit-il ?

LE PÈRE : Il reprit sa pipe et continua comme par le passé.

ADOLPHE : Ah ! que ce doit être ennuyeux !

LE PÈRE : Cela ne m'amusait guère. Aussi, impatienté, je voulus parler moi-même, et qui plus est, les contraindre à parler à leur tour. Je m'approchai et je leur dis : *Ouache enta?* et ils me répondirent : *Ouache—al—ek ?* et ils reprirent leur éternelle pipe. Enfin, je m'en allai de mauvaise humeur. Mais, depuis lors, en y réfléchissant, j'ai trouvé qu'après tout, cela valait encore mieux que nos visites et nos conversations européennes, où l'on parle, parle, parle pour dire du mal de son prochain.

JULES : Oui, papa ; comme cette dame qui, l'autre jour, est venue te dire que son amie était une médisante ?

Le Père : C'est cela, mon garçon ; et comme toi aussi, qui dans ce moment médis de cette dame. Enfin quand nos Maures ont ainsi joui une heure ou deux de la société l'un de l'autre, ils se souhaitent le bonjour, et se séparent.

Adolphe : Mais, papa, n'es-tu jamais entré dans un intérieur de Maures ?

Le Père : Une seule fois ; car ce n'est pas chose ordinaire.

Jules : Et qu'as-tu vu ?

Le Père : Dans une chambre basse, sur un grand tapis étaient assises cinq ou six femmes causant ensemble ; car je dois le dire : elles parlaient.

Adolphe : Et que disaient-elles ?

Le Père : Elles parlaient de leurs voisines et n'en disaient pas du bien. Elles s'entretenaient aussi de mille petits détails de toilette, de ménage, sans importance ;

et elles répétaient toujours les mêmes choses. Mais dès qu'elles nous aperçurent (car nous étions plusieurs hommes), l'une courut se blottir dans un coin de la chambre, la figure cachée dans sa robe; une autre nous cria des injures; une troisième, c'était la maîtresse de la maison, consentit au contraire à venir se mettre à table avec nous dans le jardin. Mais ce n'était pas là une chose ordinaire pour une Mauresque, car toutes les autres dès que nous entrâmes dans l'appartement s'enfuirent à la hâte.

ADOLPHE : Mais tu nous as dit que les Maures ne permettent à personne de voir ni d'entendre leurs femmes ?

LE PÈRE : C'est vrai; mais le mari de cette Mauresque était un européen, c'est même ce qui vous explique comment nous nous trouvions chez lui.

JULES : J'aurais bien aimé voir comment était disposée cette chambre ?

LE PÈRE : Le voici : à chaque extrémité était un lit ainsi formé : une petite poutre transversale était scellée dans le mur de chaque côté ; sur cette poutre s'appuyaient quelques planches qui, par l'autre bout, reposaient sur la muraille du fond, en sorte que ce lit faisait partie de l'appartement. Voici les meubles : pour s'asseoir, un tapis et des coussins ; pour manger, une table si basse qu'on pouvait s'en servir tout en restant assis à terre ; pour armoires, quelques trous pratiqués dans l'épaisseur du mur et fermés par des portes sculptées.

JULES : Et sur la table ?

LE PÈRE : Ah ! tu en veux au dîner, toi ? Sur la table se trouvait leur mets

favori, du *couscoussou;* c'est un plat de
riz et de viandes bouillis ensemble. Sur
la longueur de la chambre, dans la muraille faisant face à l'entrée était un ren-
foncement que nous appellerions, nous:
boudoir, dans nos maisons, chapelle,
dans une église, et qu'ils nomment,
eux: marabout. Cette petite chambre
sans porte et donnant dans le salon, est
ordinairement éclairée par de petites
ouvertures longues et étroites pratiquées
obliquement dans le mur, de manière à
recevoir du dehors le jour sans laisser
pénétrer le regard. Le plafond en est en
forme de dôme; le tout comme je vous
l'ai dit ressemble assez bien à une chapelle latérale dans une église catholique.
Aussi ce marabout est-il destiné chez les
Musulmans à la prière. Vous voyez qu'en
cela la conduite des Mahométans doit

faire rougir plus d'un chrétien ; car, chez nous, on ne songe guère aujourd'hui à prier dans sa maison, encore bien moins à y consacrer un lieu pour le culte de famille.

Jules : Ce qui m'étonne le plus dans tout cela, ce n'est ni le marabout, ni les coussins, ni la petite table ; mais c'est de voir des Africains qui doivent avoir de si beaux fruits, manger cependant du riz et du mouton ?

Le Père : Dans ce moment, mon garçon, tu juges un peu comme le soldat aux asperges. Tu t'imagines sans doute que tout est si beau en Afrique, qu'on y trouve des pommes grosses comme la tête et des cerises comme le poing ? En ce cas tu te trompes ; car le soleil le plus chaud, le ciel le plus pur ne sont pas propices pour le développement de tous les

5.

fruits. Ainsi les pommes et les poires que j'ai mangées en Algérie venaient de France et d'Italie. Les cerises, les abricots, les pêches d'Alger sont très ordinaires. D'un autre côté, il est des fruits qui croissent très bien dans ce pays et qui sont excellents.

Jules : Ah !

Le Père : L'eau t'en vient à la bouche, je crois ? Eh bien ! puisque tu les aimes, je vais t'en servir un plat de ma façon : je t'invite à un dîner que j'ai fait à Alger, il y a trois ans, chez l'un de mes amis. Pour t'épargner l'ennui du riz et du mouton, j'arrive au dessert où se trouvaient réunis tous les bons fruits algériens ; un seul était français. Nous avions d'abord des oranges de Bélidah, à la peau douce et à l'intérieur plus doux encore ; des dattes de Tunis, car il ne s'en

trouve ni à Alger ni dans ses environs ;
des jujubes fraîches cueillies dans le jardin de notre ami ; des grenades grosses
comme les deux poings, d'un goût à la
fois doux et aigrelet, et en tout cas délicieux pour la soif. Peut-être n'avez-vous
jamais vu de grenade ? C'est un fruit de
la grosseur d'une belle pomme et de la
forme d'une nèfle. La coque extérieure
est dure. Dieu l'a voulu ainsi, sans
doute, pour empêcher les rayons du soleil de pénétrer à l'intérieur, et pour
conserver ainsi à ce fruit toute sa fraî-
cheur, dans un pays si chaud. L'intérieur
est rempli de petits grains rosés et trans-
parents, si pressés les uns contre les
autres, qu'il semble que Celui qui les a
placés là ait voulu en donner le plus grand
nombre possible au pauvre voyageur al-
téré. Enfin nous avions sur la table le

fruit le plus réputé du pays : des bananes. L'arbre qui le porte est des plus gracieux; ce sont plutôt de longues tiges garnies de grandes et larges feuilles qui tombent de chaque côté comme de longues oreilles. Ces espèces de branches chargées de leurs fruits se courbent sous le poids et s'arrondissent avec grâce. Ce n'est pas le fruit seul qu'on détache de l'arbre, mais une tige garnie de ses fruits et de ses feuilles; c'est ce qu'on appelle un régime de bananes.

Jules : Et c'est bon ?

Le Père : Pas du tout ! du moins, à mon goût; c'est un fruit cotonneux et de peu de saveur. Mais tout cela ne valait pas le dernier fruit de notre désert.

Adolphe : Le fruit français ?

Le Père : Précisément.

Jules : Quel était-il?

Le Père : D'abord, la maîtresse de la maison ne voulut pas nous le dire. « Mangez et devinez, » répondit-elle à nos questions répétées. Tout le monde mangeait, mais personne ne devinait. Pour vous donner une idée de ce fruit délicat, je dois vous dire qu'il était découpé en tranches si minces, si étroites et si longues, que vous auriez cru voir de fins et petits copeaux de quelque bois de senteur, d'autant mieux que ce mets délicieux avait été frit et qu'il se roulait en spirale autour de lui-même.

Jules : Qu'était-ce donc, papa?

Le Père : Devine?

Jules : Je ne sais pas.

Le Père : C'est aussi ce que disait chaque convive. « Mangez toujours et devinez, » disait la dame.

— « Ce sont des écorces d'orange su-
crées et rôties ? » disait l'un.

— « Non. »

— « Ce sont des tranches de banane? »
reprenait l'autre.

— « Non. »

— « C'est du cédrat confit ? » s'écria
un troisième triomphant.

— « Non. »

— « Eh! de grâces, qu'est-ce donc? »

— « Est-ce bon ? » dit la dame.

— « Excellent! excellent! » répondit
tout le monde !

— « Eh bien! messieurs, c'est de la
carotte jaune ! »

Jules et Adolphe : De la carotte...

Le Père : Oui, de la carotte jaune,
tout bêtement; exactement la même que
vous mangez tous les jours avec le bouilli.
Seulement elle était finement découpée

et frite à la poêle. Vous voyez donc que les choses les plus ordinaires se trouvent quelquefois excellentes quand on ne les connaît pas, et que bien souvent nous méprisons ce que nous avons sous la main, tandis que nous faisons grand cas d'un objet dont le premier mérite est d'être rare ou de venir de loin. Dieu a mis de bons fruits dans toutes les contrées du monde; mais les hommes dédaignent ceux qu'ils ont dans leur propre pays, et veulent manger ceux qui croissent dans les pays des autres. Cela s'appelle de la gourmandise et de l'ingratitude.

Jules : Papa, tu nous as parlé des Mauresques, des Juives et des Négresses; mais tu n'as rien dit des *Bédouines*?

Le Père : C'est qu'il n'y en a pas à Alger. Pour en voir, il faut aller dans une tribu arabe, et comme je vous ra-

conterai bientôt quelques unes de mes
excursions dans la plaine de la Mitidja,
je pourrai vous en parler à leur place.
Mais avant de quitter Alger, je veux vous
montrer ce que vous aimez le mieux :
une fête, et ce que vous aimez le moins :
une école. Les gourmands gardent toujours le meilleur morceau pour la bonne
bouche ; je vais donc d'abord vous servir
l'école.

Une école maure, comme vous le
voyez par la gravure, se tient dans une
boutique ouverte sur la rue et disposée
comme celle de tous les marchands, avec
cette différence, qu'à la place des pièces
de calicot ou des corbeilles de figues,
l'on voit ici une vingtaine de jolies petites têtes.

Jules : Jolies, papa?

Le Père : Oui, très jolies.

Jules : Mais, je croyais que les Maures étaient noirs, comme les Nègres, ou du moins, jaunes, comme les Arabes.

Le Père : Pas le moins du monde. Les Maures d'Alger, sont aussi blancs et même plus blancs que nous. Les enfants ont quelquefois des figures si fraîches, si blanches, si roses, si potelées, qu'on croirait voir ces jolies figures d'anges modelées en cire. Et, vous allez comprendre pourquoi il en est ainsi : tandis que les Arabes, à la peau basanée, vivent en plein champ, et couchent sous des tentes, les Maures au teint blafâtre, habitent, au contraire, la ville et restent constamment renfermés dans une chambre loin des rayons du soleil.

J'en reviens à notre école bien garnie d'une vingtaine d'enfants assis, comme de petits tailleurs sur leur établi. Cha-

cun tient à la main une petite plan-
chette sur laquelle sont écrits en arabe
quelques mots du Coran. Le maître est
ordinairement un vieillard à longue
barbe blanche, qui lit à haute voix le
passage du livre de Mahomet, et, tous
les enfants à haute voix aussi, répètent
ensemble le même passage, en sorte que
c'est un *brouhaha* à ne pouvoir s'entendre. Ici, personne ne peut ni dormir sur
son banc, ni parler à son voisin. Il faut
que tous suivent, ou plutôt que tous
chantent la leçon. Au reste, si un élève
fait une sottise, le maître lève une longue baguette et sans parler, lui frap-
pant sur les doigts, il s'en fait très bien
comprendre. Ce qu'il y a de curieux au
premier aspect, c'est de voir cette forêt
de têtes qui s'inclinent et se relèvent en
se balançant, en sorte que vous croiriez

voir des automates qui se meuvent tous par la même ficelle. Quand la leçon est suspendue, les têtes s'arrêtent; quand la leçon recommence, le balancement recommence aussi.

JULES : Ils sont donc comme les singes qui, dans leur cage se balancent tou-jours?

LE PÈRE : Pas précisément, mon gar-çon; car le singe se balance d'un côté à l'autre, tandis que ces enfants se balan-cent en avant et en arrière. Mais veux-tu que je te dise dans quel pays, les enfants se balancent en récitant leurs leçons (qu'ils ne savent pas toujours), en se dandinant exactement comme un singe?

JULES : Oh! oui, papa.

LE PÈRE : Ce pays, c'est la France, et l'un de ces enfants, c'est toi. Quand tu m'apportes ta grammaire pour réciter un verbe, tu mets tes mains dans tes poches, tu écartes un peu les jambes, et tout en me récitant : *je ne sais pas, tu ne sais pas, il ne sait pas*, tu te balances sur le pied droit, sur le pied gauche, en sorte que ta tête marche comme le balancier d'une pendule; ou comme tu disais toi-même, comme la tête d'un orang-outang dans sa cage.

Jules : Oh! alors je ne le ferai plus.

Le Père : Le meilleur moyen d'y réussir, c'est de savoir bien par cœur ce que tu dois me réciter, car rien n'engage un enfant à se balancer, comme de ne savoir pas ce qu'il doit dire.

Adolphe : Papa, voilà l'école; mais la fête?

Le Père : C'est juste, la voici. C'est le jour de l'an des Nègres, c'est-à-dire, le jour où ils courent les rues chantant,

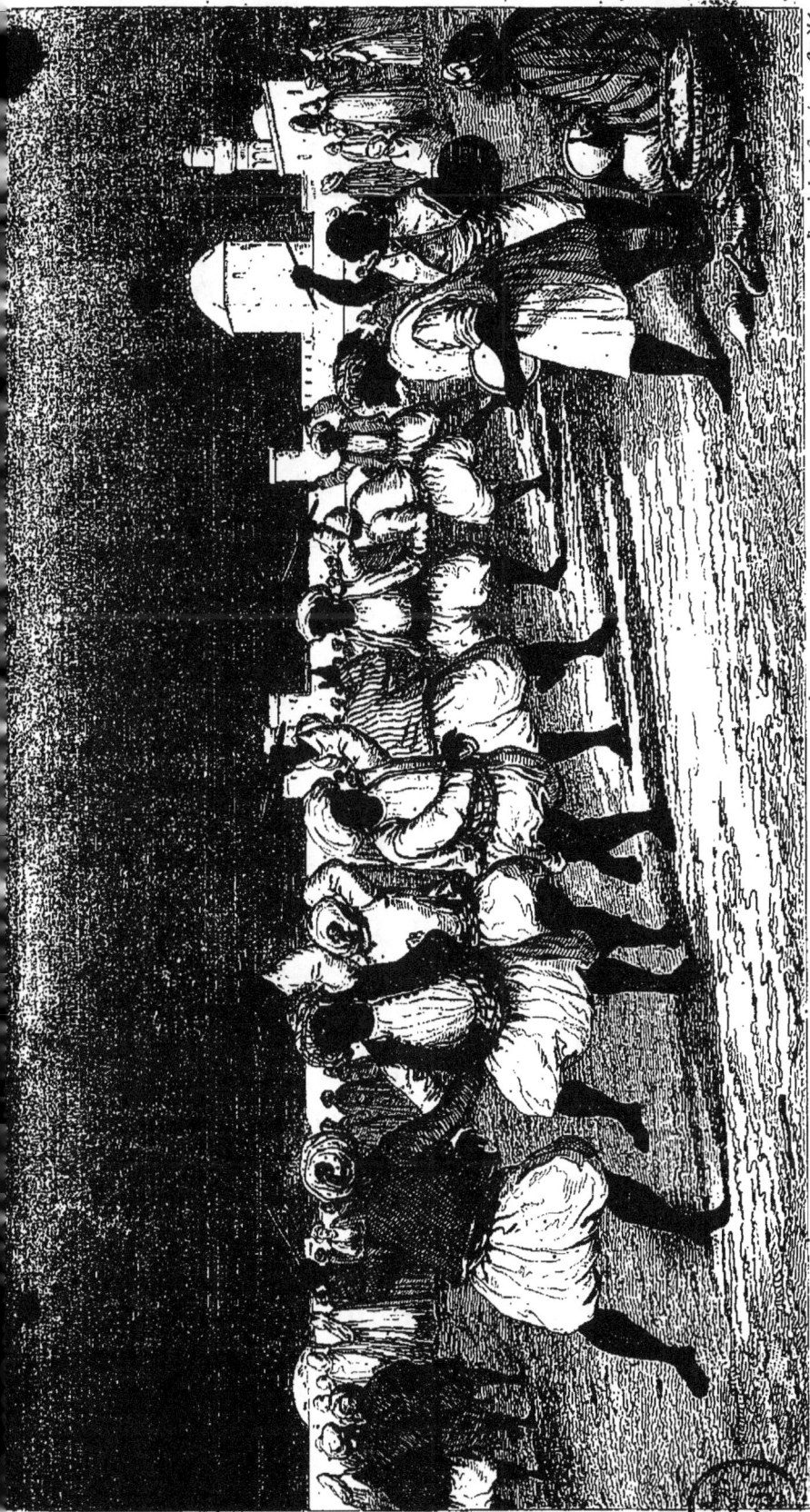

DANSE DES NÈGRES.

dansant, faisant de la musique, le tout pour obtenir des étrennes. Ces figures noires, ces bras noirs, ces jambes noires ressortent d'autant plus noires ce jour-là, qu'ils sont vêtus de blanc. Une foule de Nègres s'élancent dans la rue, ayant à leur tête un tambourin, qui ressemble assez à une grosse caisse; celui qui le porte frappe dessus des coups à peu près toujours les mêmes, et en tire des sons tristes et monotones. Tenez! c'est à peu près comme le tambourin de ces montagnards qui font danser un ours; seulement, la musique des Nègres est bien plus lente, ses sons plus lugubres, et le tout plus triste que l'ours bernois lui-même. D'autres Nègres jouent des castagnettes, d'autres soufflent dans une espèce de fifre; en sorte que cette musique ne ressemble pas mal à celle que vous avez

entendue en Provence, à Marseilles, par
exemple. Peut-être bien aussi la musique provençale et la musique mauresque ont-elles une commune origine.
Rien dans nos chants ne peut vous donner
une idée des chants algériens. C'est quelquechose de monotone, une ritournelle
qui revient toujours à peu près la même,
et que cependant, vous ne pouvez jamais
prévoir. Le tout jette dans l'âme une
impression de tristesse, mais en même
temps de sérieux. Il semble en vérité que
les Musulmans veuillent encore s'amuser gravement et jouer sans rire.

La musique des Nègres avait jeté en
passant une teinte mélancolique sur
mes pensées. La tête baissée, je me pro-
menais lentement sur la place du Gouvernement près de la grande mosquée.
Je pensais à vous, mes enfants, à vous

que je n'avais pas vus depuis long-temps,
et dans mon cœur, je priais Dieu de
vous rapprocher bientôt de moi, lorsque
j'entendis comme venant du haut des
cieux une voix crier en arabe :

« *Dieu est grand ! Dieu est grand !*

» *Dieu seul est Dieu !*

» *O venez à la prière ! ô venez à la louange !*

» *Dieu est grand ! Dieu est grand !*

» *Dieu seul est Dieu !* »

Etonné, je lève la tête et je ne vois
personne. Une minute s'écoule et la
voix recommence :

« *Dieu est grand ! Dieu est grand !*

» *Dieu seul est Dieu !*

» *O venez à la prière ! ô venez à la louange !*

» *Dieu est grand ! Dieu est grand !*

» *Dieu seul est Dieu !* »

Cette fois je me tourne du côté de
la mosquée, je porte mes regards au

sommet de son minaret dont la pointe
élevée va se dessiner dans l'azur du ciel,
et j'y vois un homme à une si grande
hauteur, qu'il ne paraissait plus avoir
que la stature d'un enfant. D'une face
du minaret, il se porte vers une autre,
et pour la troisième fois prononce d'une
voix solennelle, et affaiblie par la distance, ces mots qui semblent descendre
du ciel même :

« *Dieu est grand! Dieu est grand!*

» *Dieu seul est Dieu!*

» *O venez à la prière! ô venez à la louange!*

» *Dieu est grand! Dieu est grand!*

» *Dieu seul est Dieu!* »

ADOLPHE : Quelle singulière coutume !

LE PÈRE : Tu devrais dire, quelle noble
pensée que celle de faire appeler ainsi,
trois fois le jour, les hommes à la
prière, non par le bruit matériel d'une

cloche d'airain, mais par le cri vivant
d'une créature humaine ! Ce serviteur
de Dieu dominant ainsi la ville entière,
suspendu en quelque sorte à la voûte
du firmament, plus éloigné de la terre
et plus rapproché des cieux, invitant
tous les mortels à laisser les intérêts de
ce monde pour porter leurs pensées
vers leur Créateur ; le peuple tout-à-coup
s'agenouillant dans les rues, dans les
maisons et faisant au même instant
monter des milliers de prières vers son
Dieu et son Père, c'est là ce que j'ai vu
de plus noble, de plus beau, de plus
émouvant dans toute l'Algérie.

Alors, je m'approchai de la porte de
la mosquée et je vis les Musulmans entrer silencieux et recueillis pour aller
faire leurs dévotions. A la porte, tous
ôtaient leurs souliers et entraient nu-

pieds en signe de respect. J'entrai aussi.
A l'intérieur se trouve un grand bassin
de marbre d'une forme analogue à celle
de quelques unes de nos fontaines ; il
était plein d'eau et là les Musulmans se
lavaient les mains et la tête pour faire
comprendre qu'il faut être pur pour
paraître devant Dieu. Le plancher était
couvert de nattes ; le pourtour intérieur
de la mosquée était garni d'une longue
galerie, et dans le fond, à l'endroit que
nous appellerions nous : le chœur de l'é-
glise, était placée en guise de chaire une
vaste tribune. C'est de là que le *mouphti*
fait entendre au peuple la lecture du
Coran et ses prédications.

Vous voyez, mes enfants, que la mosquée ressemble beaucoup à une église
chrétienne. La religion du Coran qu'on
y prêche ressemble elle-même en bien

des points à celle de la Bible. Là, comme chez nous, on adore un seul Dieu, un Dieu juste et saint. Là, comme chez les Chrétiens, on prêche l'amour de Dieu et des hommes. Enfin, il ne leur manque qu'une seule chose. Ils savent que Dieu est juste, ils savent que les hommes doivent être vertueux et qu'ils sont presque toujours méchants. Ils savent qu'au-delà de la tombe une autre vie les attend, ils savent qu'elle sera éternellement heureuse ou malheureuse. Ils savent même ce que la conscience attentivement écoutée dit à tous les hommes : qu'eux-mêmes ont été mauvais et pécheurs en sorte qu'ils ont mérité la colère de Dieu, mais ce qu'ils ne savent pas.... pourrais-tu me le dire Jules ?

Jules : Non, papa.

Le Père : Et toi, Adolphe ?

Adolphe : Non plus.

Le Père : Et vous, mes enfants, vous qui, comme les Mahométans, savez qu'il faut faire le bien, et qui comme eux sentez que vous avez fait le mal, que savez-vous donc de plus qui vous rassure contre la crainte du châtiment que vous avez mérité ?

Adolphe : Je sais que Jésus est mort pour obtenir de Dieu le pardon de mes péchés.

Le Père : Eh bien ! mon ami, voilà précisément la chose la plus essentielle et précisément aussi la seule que les Mahométans ne sachent pas. Voilà pourquoi aussi vous les voyez tourmentés dans leur conscience par le souvenir de leurs fautes, cherchant en vain à les effacer en se lavant les mains et la tête, en se prosternant la figure contre terre, en jeûnant pendant les quarante jours du *Ramadan*. Mais leur conscience leur crie encore après ces vaines cérémonies, que la purification de leur corps n'est pas la purification de leur âme ; que l'abstinence de nourriture n'est pas l'abstinence du péché ; en sorte qu'après tous leurs efforts pour se persuader qu'ils sont pardonnés, ils restent tourmentés, angoissés pendant cette vie, et que Dieu seul sait ce qui les attend dans l'autre !

Mais vous, mes enfants, combien vous êtes plus heureux de savoir que Dieu vous a tant aimés que de donner son Fils, afin qu'en vous confiant en lui, vous ne périssiez point, mais que vous ayez une vie éternelle ! Dès ce monde même, combien vous êtes plus heureux par la paix de l'âme que donne cette pensée,

que vous êtes déjà pardonnés et sauvés !
Dis-moi, Jules, quand Dieu nous a ainsi
aimés jusqu'à nous pardonner toutes
nos fautes et jusqu'à nous sauver de
l'enfer et nous donner le ciel, lorsque
Dieu a fait tout cela pour nous et lorsqu'on sait toutes ces bonnes choses, à
quoi se sent-on disposé à l'égard de ce
bon Père ?

JULES : A l'aimer.

LE PÈRE : Un peu ?

JULES : Non, beaucoup.

LE PÈRE : Comme qui ?

JULES : Comme je t'aime !

LE PÈRE : Adolphe, toi qui m'aimes
aussi, dis-moi, que fais-tu quand tu
m'aimes le plus ?

ADOLPHE : Je fais ce que tu veux.

LE PÈRE : Eh bien ! mes enfants, voilà
toute la religion. Quand on sait combien

Dieu vous a aimé en Jésus-Christ, on l'aime aussi, et quand on l'aime, on fait ce qu'il commande.

Mes amis, nous allons quitter Alger et partir pour la plaine. Mais il est tard, allez d'abord vous coucher ; demain soir nous continuerons notre histoire.—Bien! vous obéissez de suite, c'est que vous m'aimez un peu. Adieu, mes chers enfants.

LA MITIDJA.

LA MITIDJA.

'habitais Alger depuis quelque temps, lorsque je fus
invité à me joindre à une
cavalcade de Français, se rendant
dans la plaine de la Mitidja, pour
visiter une propriété. Nous voilà donc
une demi-douzaine, courant la ville
pour louer des chevaux, acheter des

éperons, emprunter des armes, et nouveaux Don Quichottes, partant pour faire une promenade qui nous promettait plus d'un plaisir, mais qui n'était pas sans danger. Dans la ville il n'y a rien à craindre de la part des indigènes, mais dès qu'on s'éloigne de quelques lieues, on croit toujours avoir un Bédouin sur le dos ou en face de soi, caché dans les broussailles. Vous verrez plus tard que ces craintes ne sont pas toujours sans fondement.

Nous voilà donc partis, galopant en désordre sur la route de Bouffaric, l'un armé d'un grand sabre de cavalerie, l'autre d'un fusil, un troisième d'un yatagan, c'est-à-dire d'un long poignard arabe.

Jules: Et toi, papa, quelle arme avais-tu?

Le Père : Une canne.

JULES : Mais, ça ne tue personne, une canne?

LE PÈRE : Non; mais aussi l'essentiel n'est pas de tuer, c'est de se défendre. Du reste, ma canne, peinte couleur de jonc, était un véritable fusil. C'était un tube de fer creux, terminé par un bout en cuivre qui s'enlevait et servait de baguette pour charger le haut de la canne, qui, se détachant à son tour, faisait pistolet. Vous voyez donc que, sans faire tant d'embarras, sans effrayer personne, pas même un oiseau, j'étais tout aussi bien armé que les autres.

Arrivés à Dely-Ibrahim, village français habité par des Alsaciens, et situé à deux lieues d'Alger, nous apprîmes que la semaine dernière les Arabes avaient enlevé de nombreux bestiaux, et que des maraudeurs étaient dans les environs.

Cela n'était pas très rassurant. Toutefois, comme on n'enlève pas aussi facilement des hommes que des moutons, nous prîmes courage, et, tout en nous racontant les uns aux autres des histoires de voleurs, nous nous dirigeâmes sur Douéra. Douéra est un second village, plus grand que le premier, et à deux lieues plus loin d'Alger. Plus nous avancions, plus le pays était désert, et peut-être aussi plus nous avions peur. Les conteurs se taisaient peu à peu; chacun se rapprochait de son voisin. Enfin, lorsque nous fûmes arrivés dans une vallée déserte, enfoncée, bordée à droite, par une montagne près de l'endroit où s'était passé, quelques jours auparavant, l'une des scènes tragiques que l'un de nous venait de raconter, personne ne disait plus mot. Les chevaux marchaient en colonne serrée. Du pas que nous suivions d'abord, nous en vînmes au trot ; du trot, insensiblement et sans rien nous dire, nous passâmes au galop, et, quand nous fûmes précisément en face de l'endroit fatal, nos chevaux arabes volaient rapides comme l'oiseau qui passait sur nos têtes. Lorsque nous fûmes en vue de Douéra, chacun fut rassuré ; mais personne ne voulut convenir qu'il avait eu peur. L'un se mit à siffler, l'autre à chanter, un troisième à plaisanter sur la valeur des Arabes... qu'il n'avait pas rencontrés.

Après avoir traversé Douéra, dont la vue nous avait rendu le courage, nous reprîmes la grand' route qui, de plus en plus déserte, nous ramena la peur de plus en plus forte. Enfin arrivés à Bouffaric, qui est plutôt un camp qu'une ville, nous apprîmes qu'on s'attendait pour cette nuit à une attaque de la part des Arabes. Vous voyez que jusqu'ici tout semblait combiné pour nous jeter la terreur dans l'âme. Un Alsacien nous raconta que la nuit précédente, il s'était couché à côté de son bœuf amené au marché, et que dans la crainte qu'il lui fût dérobé par un Arabe, il avait eu la précaution d'entortiller autour de son bras la corde dont l'autre bout était attaché aux cornes de l'animal; ensuite, comme deux amis, le bœuf et l'Alsacien s'étaient endormis bras dessus bras dessous, dans l'étable. Le lendemain notre brave Allemand s'éveille, se lève, et trouve...un bout de corde suspendu à son bras; l'autre bout était parti avec le bœuf et le voleur arabe, laissant notre homme dormir paisiblement. — Un autre nous raconta que

lui aussi, pour mieux garder ses chevaux, s'était couché entre leurs jambes.
Il en avait cinq dans son étable; l'un était
boîteux. Le lendemain la porte était fermée, quatre chevaux avaient disparu, le
boîteux seul était resté à sa place, à côté
de son maître.

Vous comprenez, mes enfants, que
tous ces récits ne nous rassuraient
guère. Pour comblé d'infortune, nous
ne pouvions trouver de logement nulle
part. Ici, l'on voulait loger nos chevaux
et renvoyer leurs maîtres. Là, on con-
sentait à nous recevoir mais en mettant
nos bêtes à la porte. Enfin, après bien des
recherches, nous trouvâmes un logement
pour nous tous, hommes et bêtes, chez
un brave boucher.

Jules : Chez un boucher?

Le Père : Oui, chez un boucher.

7

JULES : Pourquoi pas à l'hôtel?

LE PÈRE : Mon garçon, il n'y avait là ni hôtel du Nord, ni hôtel du Midi; pas même le Lion d'or, ni l'auberge du Grand Cerf. Mes enfants, vous jugez toujours d'un pays par un autre ; c'est ce qu'il ne faut pas faire. Sachez bien qu'une ville en Afrique et une ville en France ne sont pas du tout la même chose. Ainsi, la ville de Bouffaric n'est qu'un mauvais hameau; ses rues sont des tracés de rues qui ont une maison à chaque extrémité. Ce fut donc bien chez un boucher, encore chez un pauvre boucher, qu'il nous fallut descendre. Sa propriété avait quatre pièces: l'une était une écurie de joncs; l'autre une cuisine servant de salle à manger et de boutique pour vendre. Sur le derrière était une petite chambre à coucher pour le boucher et sa famille. Pour nous, pau-

vres voyageurs, nous nous trouvâmes
très heureux de monter au grenier et de
nous étendre sur des peaux de mouton,
encore fraîches et garnies de leur toison.
Comprenez-vous comme notre lit était
confortable ? Pour matelas et pour pail-
lasse, une peau de mouton ; pour couverture une autre peau de mouton ; et
pour oreiller encore une peau de mouton roulée sur elle-même.

ADOLPHE : Mais, papa, vous ne pou-
viez pas dormir ?

LE PÈRE : On dort toujours bien quand
on a fait dix lieues à cheval. Cependant nos
infortunes ne touchaient pas encore à
leur terme. Il était environ dix heures ;
déjà je fermais les yeux et commençais à
m'assoupir, lorsque tout-à-coup des cris
perçants, multiples et prolongés se font
entendre. Ils venaient de loin, de près,

de tous côtés. Dix mille chats répandus dans la plaine et tirés par la queue, n'auraient pas fait plus de vacarme. C'était à peu près leur cri ; seulement celui-ci était plus fort. Je m'asseois sur mon lit, c'est-à-dire sur ma peau de mouton, et je me demande ce que ce peut être ? Certainement ce ne sont pas les Arabes ?

— Les cris continuent, redoublent et surtout se multiplient à l'infini, comme des voix qui s'entrerépondent. Enfin je m'informe et j'apprends de mon voisin que c'était le cri des chacals qui, chaque soir, se donnaient ainsi rendez-vous pour aller par centaines à la poursuite de leur proie. Seul, le chacal s'enfuit ; mais, en nombre, il attaque les animaux vivants et même ceux de plus forte taille. Il est arrivé plus d'une fois qu'un mouton, un bœuf même, oubliés dans les champs ont été dévorés par cet animal, qui n'est cependant pas plus gros qu'un petit chien. Vous comprenez donc pourquoi ils se réunissent ainsi : c'est que vingt, trente, cent chacals peuvent attaquer l'ennemi qu'un seul n'oserait approcher.

ADOLPHE : Mais à coups de cornes et à coups de pied, un bœuf doit pouvoir se défendre ?

LE PÈRE: Oui; mais quand un bœuf avec ses pieds et ses cornes, a une centaine de chacals suspendus à sa peau, lui mordant les jambes, il faut bien qu'il succombe enfin. Cela me rappelle un pauvre petit anichon dont l'histoire est vraiment lamentable. Ce petit âne appartenait à un de mes amis habitant la campagne, non loin d'Alger. Chaque jour l'innocente créature avait la permission d'aller brouter en liberté dans une prairie voisine entourée d'une haie d'aloès, où le domestique venait le chercher pour le ramener à son écurie. Un soir, le domestique oublia l'âne, et l'âne resta paisible et heureux dans la prairie jusqu'à dix heures du soir. Mais dans ce moment les chacals, toujours à l'affût d'une nouvelle proie, vinrent fondre sur la pauvre bête qui d'abord se défendit à coups de pied. Quand ses ennemis devinrent plus nombreux, le baudet se mit à fuir; mais ce fut en vain ; il entraînait toujours les chacals suspendus à sa peau, comme la flèche dans le flanc de la biche. Enfin, quand il eut donné assez de coups de pied, assez parcouru la prairie, il imagina un dernier expédient pour échapper à l'ennemi qu'il ne voyait qu'avec horreur : il alla lui-même se cacher la tête dans la haie d'aloès et parce qu'ainsi il n'apercevait plus les chacals, il s'imaginait que les chacals ne l'apercevraient plus lui-même. Plus ceux-ci le mordaient, plus celui-là enfonçait sa tête dans les broussailles; si bien que le lendemain on le retrouva mort, dépécé et la tête embarrassée dans la haie de clôture.

Mais je reviens à mon histoire. Les cris cessèrent enfin de se faire entendre. J'allais m'endormir; mais les histoires de voleurs et d'Arabes voltigeaient devant mon esprit; en même temps nous entendions par intervalle un léger bruissement autour de la maison. Par intervalle un coup de fusil se faisait entendre; tout cela n'était pas rassurant. Enfin, comme personne ne pouvait dormir, un de nous, plus hardi, ou peut-être plus peureux, prit son fusil, descendit de notre grenier, et alla se poster sur le seuil de la porte de la maison. De là, il nous tenait au courant de ce qui se passait dans la rue. De cinq en cinq minutes, il rentrait dans la chambre du bas, et, placé au pied de notre échelle, il nous criait d'une voix étouffée, pour ne pas éveiller les maîtres du logis : « Messieurs, » il se passe quelquechose d'extraordi- » naire ; tous les voisins sont sur leur » porte, le fusil au bras. » Et il retournait épier encore ce qui se passait. Pour nous, toujours plus désireux de dormir, nous étions chaque fois un peu plus éveillés. Un coup de fusil se fait entendre, un second, un troisième. « Messieurs, » vient nous crier notre sentinelle, « mes- » sieurs, le camp est sous les armes ; ces » coups de fusil partent de la tranchée ; » j'ai vu des ombres de Bédouins glis-

» ser le long des fossés ; » et notre ami
retourne encore chercher d'autres nouvelles. Depuis assez long-temps il n'était
pas revenu ; nous allions peut-être nous
endormir, malgré les coups de fusil
lointains, et les bruissements étranges
qui s'entendaient à notre porte, lorsque
notre homme revient cette fois tout ef-
faré. Il ouvre précipitamment la porte
et nous crie de toute la force de ses
poumons : « Aux armes ! aux armes ! » —
« Ah çà ! messieurs, voulez-vous bien nous
» laisser dormir tranquilles ? » nous cria
tout-à-coup le boucher du fond de son
lit ; « si vous voulez continuer ce va-
» carme, faites-moi le plaisir de pas-
» ser la porte, ou si vous avez peur,
» taisez-vous et cachez-vous sous vos
» peaux de mouton. » — « Mais, lui dit
» notre vigilant ami, mais tout le monde

» est sous les armes dans le voisinage ? »

— « Ah bah ! laissez-moi tranquille ;
» c'est toutes les nuits la même chose ;
» nous montons la garde chacun à notre
» tour. » — « Mais les coups de fusil ? »

— « Allez vous promener avec vos coups
» de fusil ! La garnison du camp a été
» changée ce matin, et les factionnaires,
» mis en sentinelles pour la première fois
» cette nuit dans ce quartier, crient *qui*
» *vive* quand un chacal passe, et, comme
» le chacal ne répond pas, le faction-
» naire tire un coup de fusil. » —
« Ah !... » dit l'autre ébahi, « mais enfin
» quelqu'un tourne autour de la maison,
» car à chaque instant un bruissement
» de feuilles se fait entendre ? » — « Allez
» vous coucher, vous dis-je, ce sont vos
» chevaux qui ont achevé leur foin et qui
» maintenant rongent les roseaux dont l'é-

» curie est construite.» Nous partîmes tous
d'un grand éclat de rire et notre coura-
geuse sentinelle vint enfin se coucher. —
Et toi aussi, Jules, tu te permets de rire ?

JULES : Oui, je ris de ce que vous aviez
tous peur de rien du tout.

LE PÈRE : Pour toi, sans doute, tu n'aurais pas eu peur ?

JULES : Bien certainement non ; puisqu'il n'y avait rien à craindre.

LE PÈRE : Oui, il est facile de se rassurer quand on sait qu'il n'y a pas de danger. Mais voilà précisément ce que nous
ne savions pas. On est toujours courageux
en parlant d'une bataille au coin du feu,
comme nous y sommes maintenant. Alors
il est amusant de se moquer des peureux ;
mais celui qui rit, aurait tremblé peut-
être, s'il avait entendu un coup de fusil.

JULES : Oh ! moi je n'aurais pas peur.

(*Le père à l'insu des enfants fait tomber de dessus la cheminée, une carafe qui vient se briser avec fracas sur la pierre du foyer.*)

JULES : Aïe !

LE PÈRE : Qu'as-tu ?

JULES : Rien ; mais j'ai eu peur.

LE PÈRE : Peur d'une carafe qui tombe, toi qui n'as peur ni des Arabes, ni des coups de fusil ?

JULES : C'est que je ne savais pas ce que c'était.

LE PÈRE : Eh bien ! voilà précisément ce qui nous est arrivé. Les chacals criaient, les chevaux rongeaient les joncs, les fusils tiraient, et nous avions peur aussi, parce que nous ne savions pas ce que c'était. Mais continuons et nous verrons bientôt si tu auras toujours autant de bravoure.

Huit jours plus tard nous fîmes un

nouveau voyage dans la plaine. Cette fois nous étions huit ou dix. Le point que nous devions visiter était en face de Bélidah ; non loin des Hadjoutes. Les Hadjoutes sont une tribu arabe que les Français n'ont pas encore pu soumettre. Ils font constamment des excursions dans la plaine pour voler des troupeaux, faire des prisonniers, ou commettre quelques assassinats. Arrivés à Douéra, l'un de nous se charge d'obtenir du général du camp une escorte de soldats pour nous accompagner dans la plaine et nous garantir de tout danger. Il va faire sa demande, revient nous dire que l'escorte lui a été promise et nous engage à prendre les devants, nous promettant de venir bientôt nous rejoindre accompagné des soldats. Le but de notre course était au centre de la plaine, et comme la moitié d'entre nous avaient des motifs pour prendre une route différente de la route ordinaire nous nous divisâmes en deux bandes. De mon côté, nous étions cinq ; nous donnâmes rendez-vous aux trois autres vers un petit marabout où les uns devaient arriver par la droite, les autres par la gauche, et là, tous ensemble nous devions déjeuner : mais autre chose qu'un déjeuner nous attendait sur ce point. Enfin, nous nous mettons en marche et nous cinq gravissons la montagne à la droite du village. De son sommet nous avions la vue la plus vaste que j'aie jamais eu de la Mitidja. Cette plaine longue de vingt-cinq lieues, large de cinq ou six, couverte d'un tapis de verdure, est unie comme cette table ; du moins, vue d'une hauteur, ses inégalités sont insensibles à l'œil. D'un côté, elle est bornée par le massif de collines dont le revers porte la ville d'Alger et plonge sa base dans la mer. Sur l'autre bord, la plaine est ceinte d'un autre cordon de montagnes nommé le petit Atlas. Du point où nous étions placés, on voyait la Mitidja à ses pieds, s'étendant à droite et à gauche en demi-cercle. Sur notre gauche, nous avions laissé Douéra. En face de nous, aux rayons du soleil levant, brillait Bélidah, non loin de l'Atlas; à notre droite enfin se trouvait le pays des terribles Hadjoutes. Nous marchions, ou plutôt nos chevaux marchaient depuis plusieurs heures ; déjà nous descendions la montagne, lorsqu'un Juif qui nous accompagnait, s'arrêtant tout-à-coup et du doigt nous montrant un fourré de broussailles : « Un Bédouin ! » nous dit-il d'une voix étouffée, « un Bédouin ! »

Tous, nous cherchons le Bédouin du regard ; mais soit qu'il se fût caché, soit que le Juif se fût trompé, nous ne vîmes personne. Nous continuâmes notre route. Quelques minutes plus tard : « Ici, ici, » cria le Juif, « voyez briller sa carabine couchée sur cette haie ! » L'un de nous s'approche et ne découvre rien. Le Juif affirme qu'il a vu un Hadjoute et refuse de nous accompagner plus loin. Son patron, qui ne veut pas être venu pour rien, lève un bâton sur son dos, le Juif rentre la tête entre ses épaules et continue à marcher, sinon devant, du moins derrière. Cependant, nous commencions à nous étonner de ne voir arriver ni nos compagnons de voyage, ni notre escorte de soldats ; toutefois nous étions si avancés qu'il y avait maintenant autant de danger à retourner sur nos pas qu'à poursuivre notre route. « En avant ! en avant ! nous les trouverons au marabout, disait l'un. » — « Oui, et là nous ferons un bon déjeuner, disait l'autre ; » et tout en nous exhortant ainsi nous arrivâmes dans la plaine.

La végétation est si vigoureuse dans la Mitidja, que le fourrage qui, en Europe, s'élève à peine à deux ou trois pieds, était ici à la hauteur de nos chevaux et par moment cachait le cavalier. Cependant ce point n'avait reçu aucune culture ; l'année précédente on l'avait fauché, et cette année il était couvert d'une nouvelle récolte. Vous voyez, mes enfants, qu'en cela, comme en bien d'autres choses, le soleil de notre Dieu en fait plus à lui seul en Afrique que toute la science de l'homme en Europe.

Mais pendant ce temps, qu'était devenue l'autre moitié de notre troupe, qui devait nous rejoindre avec l'escorte? Le voici. D'abord, je dois vous dire que celui de nous qui nous avait affirmé que l'escorte lui avait été promise, nous avait trompés. L'escorte lui avait été refusée; et comme il ne voulait pas avoir fait le voyage en vain, et que d'un autre côté, il pensait, avec raison, que nous ne voudrions pas le suivre s'il nous disait la vérité, il nous fit un mensonge et nous dit que le général avait satisfait à sa demande.

ADOLPHE : Mais, papa, ce mensonge pouvait exposer le vie de vous tous; il était bien coupable?

LE PÈRE : Mon garçon, tous les mensonges sont coupables : aussi bien celui de l'enfant qui assure que c'est le chat qui a cassé la tasse par lui-même jetée à

terre, que le mensonge de notre compagnon de voyage qui exposait nos vies.
Devant Dieu, il n'y a pas de petits mensonges, car tous sont des preuves égales
que nous méprisons sa loi qui nous pres-
crit la vérité. Il ne faut pas regarder aux
conséquences du mensonge, mais à son
principe. Nos compagnons de voyage et
le menteur en tête, s'étaient donc mis en
route sans escorte, et ils s'approchaient
du marabout par la droite en même temps
que nous par la gauche. Ils étaient cinq
alors, car en route, un ami de l'un d'eux
et sa sœur s'étaient joints à leur bande.
Ils cheminaient paisiblement venant à
notre rencontre, lorsque trente Hadjoutes sortant tout-à-coup du pied du massif,
s'élancent sur eux et leur ordonnent de
se rendre. Le menteur (que je nomme
ainsi pour ne pas dire son vrai nom,)

voyant qu'il n'était pas prudent à quatre hommes et à une femme de se défendre contre trente Arabes, va droit au devant de ceux-ci, le sourire sur les lèvres, leur tire respectueusement son chapeau et se laisse prendre sans résistance.

ADOLPHE : Papa, c'était peut-être un traître?

LE PÈRE: Nous l'avons cru d'abord. Mais, son triste sort prouvera bientôt le contraire. Des autres cavaliers, un second parvient à s'évader, un troisième, jeune homme de la Suisse-Allemande, fils d'un pasteur, veut se défendre, mais comprenant le danger, il prend aussi la fuite. On lui crie de se rendre; il refuse, et une balle vint aussitôt traverser le ventre de son cheval. On lui crie encore de se laisser faire prisonnier; encore il cherche à fuir, et une seconde balle vint lui casser la cuisse. La jeune dame non plus ne voulait pas suivre les Arabes; elle poussa des cris; on la mit de vive force sur un cheval; elle se débattit, glissa à terre, fut remise à cheval, cria, se débattit encore jusqu'à ce qu'enfin les Arabes impatientés de sa résistance lui coupèrent la tête. Son frère s'était couché le ventre à terre, il avait marché à quatre pattes à travers les roseaux et enfin était parvenu, en quelques heures, au camp de Bouffaric pour y donner l'alarme.

Quand les Hadjoutes eurent ainsi mis en fuite, fait prisonniers ou tué nos compagnons de voyage, quinze d'entr'eux se détachèrent emmenant nos deux amis et laissant les quinze autres Hadjoutes cachés derrière le marabout où nous allions, nous, pour déjeuner. C'est dans ce moment que nous arrivâmes sur les lieux. Nous étions bien loin de soupçonner ce qui venait de se passer, et quand nous vîmes sur notre gauche, près du marabout, cette troupe de cavaliers arabes, nous poussâmes tous un cri de joie!

Jules : Mais, papa, il n'y avait pas de quoi se réjouir; il fallait avoir peur?

Le Père : Tout-à-l'heure, selon toi, nous avions tort de craindre à Bouffaric; maintenant, selon toi encore, nous avons tort d'être rassurés dans la plaine. Mais, mon ami, tu oublies toujours que la peur, et la joie ne viennent pas du danger réel que l'on court, mais de celui que l'on croit exister. A Bouffaric, nous tremblions au bruit d'un roseau rongé par un cheval, parce que nous pensions entendre les pieds des Bédouins rôdant autour de la maison. Ici, nous étions joyeux à la vue des Hadjoutes nos plus cruels ennemis, parce que, les voyant au point du rendez-vous, nous les prenions pour l'escorte arabe que nous envoyait le général. Voilà donc les quinze Arabes venant vers nous au galop, et nous allant vers eux au petit pas. S'ils avaient toujours galopé avec la même rapidité, certainement en quelques minutes ils nous auraient rejoints. Mais, ils s'arrêtent tout-à-coup. Six se détachent des autres et s'approchent davantage. Bientôt ceux-ci font alte à leur tour. Quatre d'entr'eux avancent encore et après un galop, suspendent aussi leur course. Ce manège nous surprend, et crainte de méprise, nous changeons un peu notre direction. Nous comprîmes bientôt quels étaient ces hommes. Mais, que faire? Voyons, Jules, qu'aurais-tu fait?

JULES : Oh! j'aurais eu peur.

LE PÈRE : Cette fois, tu as raison ; car il y avait un danger véritable et nous le savions bien. Je vous avoue, mes enfants, que j'avais peur aussi ; car nous étions cinq contre quinze ; nous avions de mauvais chevaux, nos ennemis en avaient d'excellents ; c'était merveille que de les voir galoper dans la plaine. Ils étaient tous bien armés. Je n'avais que ma canne ; un de mes amis avait un sabre, un autre était sans armes, je ne crois pas que nous eussions plus d'un fusil. Aussi je vous l'avoue, comme dit Jules, j'avais peur. Je priais tout bas, et voyant les Arabes, armés de fusils et de poignards, si près de nous atteindre, il me semblait déjà sentir sur mon cou le froid du yatagan....Mais, avoir peur ce n'est pas faire quelquechose, et je vous demande ce que vous auriez fait ?

ADOLPHE : Il fallait vous sauver au grand galop.

LE PÈRE : Oui; mais, les Arabes, mieux montés que nous, nous auraient bientôt rattrappés; notre fuite leur révélant notre frayeur, leur aurait donné du courage, et ils seraient arrivés bien plus vite sur nous.

JULES : Il fallait tirer un coup de fusil.

LE PÈRE : Un coup de fusil ne tue pas quinze Arabes.

ADOLPHE : Il fallait appeler du secours.

LE PÈRE : Le secours était à une lieue de nous. Nous apercevions un block-hause garni de canons français, mais pour l'atteindre, il fallait une heure, et aux Arabes pour nous prendre il ne fallait que deux minutes.

ADOLPHE : Mais, enfin, qu'avez-vous fait ?

Le Père : Le voici : nous nous sommes dit : Fuir, ce serait les encourager ; nous arrêter, ce serait nous mettre entre leurs mains ; nous défendre, c'est le moyen de tuer deux ou trois Arabes, sans empêcher cinq Français d'être pris. Ce qu'il y a de mieux à faire, c'est de cheminer tout doucement, sans dévier d'un pas ni à droite ni à gauche. Dieu voit notre danger : lui seul peut nous sauver ; ne faisons rien pour nous perdre, et il en arrivera ce qu'Il voudra. Je sais que deux au moins d'entre nous raisonnaient ainsi et priaient dans leur cœur.

Jules : Et enfin qu'arriva-t-il ?

Le Père : Les deux derniers Arabes qui s'étaient le plus approchés de nous s'arrêtèrent aussi ; ils nous regardèrent un moment, poussèrent un cri sauvage qui fit retentir la plaine, retournèrent

bride et allèrent au grand galop rejoindre leurs compagnons. Pourquoi cela?
Je n'en sais rien. Personne de nous ne
put se l'expliquer. Je me trompe; je
compris clairement que Dieu veillait sur
ses enfants, et que c'était à sa Provi-
dence que nous devions notre salut.

Arrivés sur la grand'route de Bouffaric, sous le blockhause dont je vous ai
parlé, nous fûmes instruits du triste sort
de nos compagnons de voyage. Comme je
n'aurai probablement plus occasion de
vous en parler, je dois vous donner ici la
fin de leur histoire. Les deux prisonniers
furent conduits dans une tribu; l'un
d'eux, celui qui était blessé, me raconta
plus tard, à son retour à Alger, qu'il
avait été vendu cinquante pièces d'argent. Après avoir passé un mois, étendu
dans une mauvaise hutte de Bédouin, il

fut renvoyé à Alger, en échange d'un Marabout que les Français avaient pris aux Arabes.

JULES : Comment, papa, on échangea un homme contre une maison ?

LE PÈRE : Non, mais bien un homme contre un homme.

ADOLPHE : Et tu nous as dit que vous deviez déjeuner au marabout?

LE PÈRE : C'est vrai; mais le mot marabout signifie *saint*. Les Arabes donnent ce nom à leurs chapelles et à leurs prêtres. J'ai même vu à Alger un fou qui chantait et dansait en faisant des grimaces épouvantables, et que les Arabes nommaient Marabout, parce qu'ils regardent la folie comme un signe de sainteté. Cette fois, Jules, tu peux dire avec vérité que c'est une grande bêtise. Mais cela servira du moins à vous montrer jusqu'à quel point la conscience peut être faussée par des hommes qui ne sont pas éclairés par l'Évangile.

ADOLPHE : Et l'autre prisonnier, qu'est-il devenu ?

LE PÈRE : Le menteur ?

JULES : Oui, papa.

LE PÈRE : Il est mort. Abd-el-Kader n'ayant pas d'abord voulu le rendre, il resta plusieurs mois auprès de l'émir, couchant, comme les Arabes, sous la tente et mangeant du couscoussou, si bien qu'il en tomba malade. Enfin, on avait aussi obtenu son échange ; il était en route pour revenir à Alger, lorsque, épuisé de fatigue, il mourut en chemin.

ADOLPHE : Mais, papa, voilà déjà deux courses que tu fais dans la plaine, et tu ne nous as pas encore parlé des Bédouines, comme tu nous l'avais promis?

Le Père : Si tu savais combien une Bédouine est laide et sale, tu ne serais pas si pressé d'en entendre parler. Une Bédouine, et en général les femmes arabes de la plaine, sont maigres, jaunes comme des harengs desséchés. Non contentes d'être déjà brunies par le soleil, elles se tatouent la figure, c'est-à-dire qu'elles s'y font des coupures, et les peignent en bleu ou en noir, ce qui achève de les enlaidir. Mais il faut dire à leur louange qu'elles sont laborieuses. Indépendamment du ménage à soigner, elles ont encore à tisser elles-mêmes les vêtements de leurs maris. Un petit nombre d'entre elles seulement viennent à Alger; ce sont ordinairement des mendiantes, des vagabondes, des diseuses de bonne fortune.

Adolphe : Quoi! des diseuses de bonne
fortune?

Le Père : Oui, et je puis précisément
vous parler de l'une d'elles. Un matin,
de ma chambre, au second étage, j'en-
tends dans le salon du premier de bruyan-
tes causeries et de grands éclats de rire.
Je descends pour en connaître la cause.
Les maîtres de la maison étaient sortis,
et, comme dit le proverbe : « *Quand les*
» *chats n'y sont pas, les rats dansent.*» Ainsi,
domestiques et commis de la maison, y
compris le Juif peureux dont je vous ai
parlé, tous étaient réunis au salon autour d'une Bédouine, diseuse de bonne
fortune, assise à terre sur le tapis. J'entre. — «Voulez-vous connaître votre avenir?» me dit le Juif. — «Comment cela?»
lui dis-je. — « C'est que voilà une sorcière. »— «Quoi! il y a des sorcières en

Afrique comme en Europe?» — « Sans
doute.» —Bien persuadé que cette femme
était une imposteuse, mais curieux de savoir quelles seraient ses ruses, «voyons,
dis-je, que m'arrivera-t-il?» — «D'a-
bord, reprit le Juif, donnez deux sous. »
— «Ah! je comprends, c'est la chose essentielle; les voici.» Ici, la Bédouine prit
le gros sou, et, quand elle l'eut bien caché, d'une main elle étendit sur le tapis
un pan de sa robe, et de l'autre elle fit
sauter en l'air une poignée de blé, qui,
en retombant, vint s'éparpiller sur son
vêtement. Alors suivant du doigt les
grains de blé dans les dessins bizarres
qu'ils formaient sur le plancher, elle se
mit à parler arabe d'un ton à faire croire
qu'elle récitait un chapelet. — « C'est
très bien, dis-je au Juif, mais je n'y
comprends rien.» —«Attendez, » répon-

dit-il ; et, tout en me faisant attendre, tout en écoutant la Bédouine, notre Juif riait de tout son cœur. — « Enfin, que doit-il m'arriver ? » — « Cette femme dit que... » et le Juif me répéta en français ce qu'elle avait dit en arabe.

JULES : Quoi, papa ?

LE PÈRE : Elle me prédit une chose qui s'est réalisée.

ADOLPHE : Elle était donc vraiment sorcière ?

LE PÈRE : Pas plus que toi. Mais c'est qu'il faut vous dire, mes enfants, que les diseuses de bonne fortune, en Algérie comme en France, ont un moyen infaillible de prédire juste.

JULES : Et comment ?

LE PÈRE : D'abord, c'est de dire beaucoup de choses, bonnes et mauvaises, blanches et noires, en sorte que si l'une

ne se réalise pas, l'autre ne peut manquer
d'arriver. Ainsi elles vous diront : *Vous
aurez des malheurs, mais ensuite vous serez
heureux;* et, comme tout le monde est
plus ou moins heureux ou malheureux,
il faut bien que l'une de ces deux choses
arrive; alors les nigauds s'imaginent
que la prétendue sorcière a deviné. Un
autre moyen de prédire presque à coup-
sûr, c'est de dire des choses naturellement très probables. Ainsi, la Bédouine
me dit que je retournerais en France. Ce
n'était pas difficile à prévoir, puisque
j'étais seul en pays étranger. Crois-tu,
Adolphe, que je serais sorcier si je te disais, que je sais qu'un jour de cette semaine tu ne sauras pas bien ta leçon de
géographie, que tu feras une sottise demain et que tu seras puni dans le courant du mois?

ADOLPHE : Non.

LE PÈRE : Pourquoi?

ADOLPHE : Parce que cela m'arrive tous les jours.

LE PÈRE : Eh bien! voilà ce que font les diseuses de bonne fortune : elles prédisent ce qui arrive tous les jours, et elles devinent quelquefois. Aussi la Bible défend-elle de les écouter.

ADOLPHE : Mais, papa, comment distinguer les faux prophètes qui trompent des vrais prophètes qui, dans la Bible, ont dit la vérité ?

LE PÈRE : C'est que les faux prophètes, parlant au hasard ou par leur propre sagesse, à côté d'une prédiction qui se vérifie, en font vingt que l'événement ne justifie pas; tandis que les vrais prophètes ne disent que des choses qui toutes se réalisent. Ainsi cette femme m'a dit une vérité facile à deviner, au milieu de beaucoup de mensonges, tandis que les prophètes de la Bible, Moïse, par exemple, a fait sur les Juifs une douzaine de prédictions dans un même passage qui se sont toutes réalisées.

Adolphe : Douze prédictions, papa, toutes réalisées?

Le Père : Oui, mon ami, et je puis te les énumérer. Moïse a prédit dans le seul chapitre vingt-huitième du Deutéronome :

Premièrement : *Que les Juifs seraient maudits dans les villes et dans les campagnes ;* —et vous savez que depuis deux mille ans, les malheureux Juifs sont chassés, méprisés, maudits dans toutes les nations.

Secondement : *Que les Juifs seraient vagabonds par tous les royaumes de la terre ;* — et vous savez encore qu'il se trouve des

Juifs dans tous les coins du monde, que partout ils sont considérés comme étrangers.

Troisièmement, *que les Juifs ne feraient autre chose que de souffrir les injustices et le pillage ;* — et l'histoire nous montre dans tous les siècles les Juifs rançonnés et pillés par tous les peuples, païens, mahométans et chrétiens.

Quatrièmement, *que les Juifs adoreraient d'autres dieux de bois et de pierre ;* en effet, plus tard le Juifs tombèrent dans l'idolâtrie.

Cinquièmement, *que leurs fils iraient en captivité ;* — et vous vous rappelez, sans doute, la double et longue captivité de leurs descendants à Babylone.

Sixièmement, *que l'Éternel ferait lever contre eux de loin, du bout de la terre une nation qui volerait comme l'aigle, et dont ils n'entendraient pas le langage ;* — or, deux mille ans plus tard, une nation, celle des Romains, vint de loin, d'Occident en Orient, volant comme l'aigle qui lui servait d'étendard, combattre les Juifs et leur parler une langue qu'ils ne comprenaient pas.

Septièmement, *que cette nation les assiégerait dans leur ville ;* — rappelez-vous le fameux siége et la destruction de Jérusalem.

Huitièmement, *que les Juifs seraient réduits à manger leurs enfants par disette, pendant le siège ;* — et l'histoire nous dit qu'une mère affamée mangea son enfant pendant le siége des Romains.

Neuvièmement, *que les Juifs retourneraient en Égypte ;* — et après le siége, les Romains y conduisirent cent mille prisonniers israélites.

Dixièmement, *qu'ils y seraient vendus pour être esclaves ;* — et en effet, c'était pour les vendre que les Romains vainqueurs avaient conduit ces prisonniers en Égypte.

Onzièmement, *que cependant on refuserait de les acheter ;* — et enfin l'histoire dit aussi que les esclaves amenés étaient si nombreux que tous ne purent pas être vendus, et que des milliers moururent de faim.

JULES : Et la douzième prédiction, papa?

LE PÈRE : Comment! tu n'en as pas assez de onze, prises dans un même chapitre?

JULES : Si bien ; mais tu nous avais dit douze.

LE PÈRE : Mon enfant, sans t'en douter, tu fais comme les incrédules, qui

ne trouvent les preuves jamais assez
nombreuses. Mais enfin voici la douzième; c'est la plus terrible, la plus im-
portante, car elle peut servir de leçon à
nous, tout aussi bien qu'aux Juifs. Moïse
avait prédit aux Israélites que toutes ces
choses leur arriveraient, s'ils n'obéis-
saient pas à l'Éternel; or, vous savez que
l'histoire des Juifs fut après Moïse une
perpétuelle désobéissance.

Mais pour en revenir aux faux prophètes, il y a encore d'autres moyens de les
reconnaître, c'est qu'ils annoncent ordinairement des choses prochaines, et celles qu'un peu de réflexion peut faire prévoir. Ainsi la Bédouine me disait que je
retournerais en France. Or, je dois vous
dire, mes enfants, que presque tous les
Français qui vont en Algérie n'y vont pas
pour s'y fixer; cette femme pouvait donc

facilement supposer que je ferais comme tous les autres. Mais les prophètes de la Bible, non seulement prédisaient des événements prochains, mais encore des événements éloignés. Ainsi, plusieurs siècles à l'avance, Michée a prédit que Jésus-Christ naîtrait à Bethléem; Ésaïe a dit que le Sauveur serait de la famille de David; le Psalmiste a annoncé qu'il aurait les pieds et les mains percés; Daniel a fixé l'époque de sa venue; et toutes ces prédictions se sont réalisées plusieurs générations après la mort des prophètes qui les avaient prononcées. Enfin, mes enfants, si vous voulez un dernier moyen de discerner un faux sorcier d'un vrai prophète, en voici un bien facile : le faux sorcier fait métier de deviner, il se fait payer; en un mot, il parle par *intérêt*. Et vous avez vu qu'avant tout, la Bédouine

m'a demandé deux sous ; tandis que les
vrais prophètes étaient des hommes dé-
sintéressés. Loin de se faire payer, ils
s'exposaient à déplaire au peuple et aux
rois d'Israël , en leur prédisant des choses
vraies mais dures à entendre, et ces prophètes aimèrent mieux, un, être jeté en
prison, un autre, être frappé, un troisième
subir le martyre et mourir scié en deux ,
plutôt que de se rétracter. C'était là de
bonnes preuves de leur sincérité.

Mais revenons à nos Arabes ; j'en étais
à mes excursions dans la plaine , j'ai encore à vous parler d'une troisième. Cette
fois-ci nous n'étions que deux. Nous allions faire une visite au Prince de Mir, à
la Rassauta. Dans un voyage précédent,
vers le même but, j'avais aperçu à mi-
chemin une petite tribu arabe sous ses
tentes. J'espérais donc cette fois la re-

trouver ; mais je fus assez surpris de ne plus voir ni Arabes, ni tentes, ni troupeaux. Je me rappelai alors ce que j'avais entendu dire si souvent, que les Arabes sont un peuple nomade, c'est-à-dire, qui erre constamment d'un pays à un autre, s'arrêtant où se trouvent des pâturages suffisants pour nourrir leurs bestiaux, et transportant plus loin leurs tentes, dès que ceux-ci ont tondu la prairie.

ADOLPHE : Mais le maître du champ ?

LE PÈRE : Le maître du champ est le premier qui passe, pour tout le temps qu'il en a besoin. Cependant il n'en est pas ainsi partout. Les environs d'Alger, par exemple, ont de véritables propriétaires. Mais plus on s'éloigne de la ville, moins bien les propriétés sont limitées. De là s'élèvent mille querelles entre les

Arabes ; de là, des guerres de tribu à tribu.

JULES : Quoi ! les Arabes se battent contre les Arabes ?

LE PÈRE : Et pourquoi pas ?

JULES : Je croyais qu'ils ne se battaient que contre les Français.

LE PÈRE : Les Arabes se battent contre tout le monde : aujourd'hui c'est contre les Français, il y a dix ans c'était contre les Turcs, auparavant c'était contre les Cabayles, contre les Égyptiens, contre toutes les nations enfin ; jamais ils n'ont vécu en paix avec personne, et personne ne les a jamais soumis. Vous voyez que leur histoire est encore conforme à la prédiction que Moïse a faite il y a quatre mille ans : « *Il lèvera la main contre tous et* » *tous la lèveront contre lui, et il dressera ses* » *tentes aux yeux de tous ses frères.* »

A notre retour de la Rassauta, mon compagnon de voyage et moi, nous cheminions paisiblement sur nos deux petits chevaux arabes. Nous avions encore cinq lieues à faire en face de nous, et le soleil rasait déjà la colline. Les chemins étaient affreux. Pour abréger notre marche nous eûmes l'idée d'abandonner la route battue et de suivre le bord de la mer. Mais après avoir tenu cette nouvelle direction pendant un quart d'heure, nous découvrîmes de loin sur le rivage, quelques Arabes autour d'un grand feu. Comme le souvenir de notre dernière course était encore présent à notre esprit, nous crûmes qu'il était prudent de tirer un peu sur la gauche. Nous avançions lentement sur un sable mouvant que les vents avaient amoncelés à quelque distance du rivage. Nous fûmes

donc encore obligés de tirer plus à gauche, jusqu'à ce qu'enfin nous vînmes nous
embarrasser dans des broussailles clair-
semées et de peu de hauteur. Cependant
plus nous avancions plus les arbrisseaux
étaient élevés et rapprochés, plus, par
conséquent notre marche était lente et
difficile. Le soleil n'en descendait pas
moins vite à l'horison. Voici donc en
résumé notre position : encore quatre
lieues à faire, trois quarts d'heure de
jour pour cela, à droite les Arabes, à
gauche la plaine déserte, et devant nous
la forêt toujours plus épaisse ! Aussi la
pensée nous vint-elle de retourner sur
nos pas. Mais ce que nous avions fait de
chemin à travers les arbrisseaux si touffus
si rapprochés qu'ils ne formaient plus
qu'un tout impénétrable à l'œil, nous
rendait tout aussi difficile de retourner

que de poursuivre. Nous prîmes donc courage, ou plutôt, nous eûmes toujours peur. Tout-à-coup entre les jambes de nos chevaux, nous entendons s'agiter violemment une énorme bête féroce. A en juger par le bruit et le ton, ce devait être un sanglier sauvage ; mais comme tout bruit cessa bientôt de se faire entendre à notre oreille, nous ne pûmes pas nous en assurer par nos yeux tant les branches bornaient notre vue et les racines embarrassaient les jambes de nos chevaux. Tout cela n'était pas propre à nous rassurer. Nous cheminions toujours en silence, et toujours la nuit descendait rapidement. Un moment nous songeâmes à mettre pied à terre et à passer la nuit dans le bois. Mais ce projet nous sortit bien vite de la tête, car tout-à-coup un cri bien connu de nous, celui du chacal,

un cri répété par des centaines de ces
animaux carnassiers, retentit à nos
oreilles. Nous l'entendions venir de loin,
de près; à quelques pas de nous, il sif-
flait encore, et la nuit tombait toujours
sombre et rapide. Il me semblait que ces
voraces animaux avaient deviné notre
embarras et qu'ils se donnaient déjà
rendez-vous pour venir ensemble attaquer nos chevaux. Pour lors, plus effrayés de la dent des chacals que du
yatagan des Arabes, nous voulûmes nous
diriger du côté du grand feu, sur le
bord de la mer. Mais à peine eûmes-nous
fait quelques pas, qu'au milieu d'un
petit espace vide, nous trouvons.... mes
enfants n'ayez pas peur, ce n'est pas ici
un conte pour vous effrayer, c'est la
simple vérité: dans cet espace vide donc,
nous trouvons une tête de mort! Com-

ment se trouvait-elle là? Il était facile de le deviner : c'était sans doute les restes d'un Français, assassiné par les Arabes. Quoiqu'il en soit, cette découverte ne nous encouragea guère à rejoindre nos amis ou ennemis les Bédouins; mais faisant un dernier effort en ligne droite, nous parvînmes enfin à traverser le bois. Nous étions sauvés. Il nous restait encore trois lieues à faire dans la boue et au milieu des ténèbres. Ce n'était rien pour nos chevaux légers et vigoureux ; en moins de trois quarts d'heure nous arrivâmes à Alger.

JULES : A Alger?

LE PÈRE : Oui, à Alger. Où pensais-tu donc que nous allions nous rendre?

JULES : Je m'attendais... enfin je m'attendais à autre chose.

9

Le Père : A quoi donc?

Jules : Je ne sais pas, mais je pensais que... tu... vous...

Le Père : Explique-toi donc!

Jules : Enfin, les Bédouins...les chacals...surtout la tête de mort....

Le Père : Ah! je comprends : tu t'attendais, tu *espérais* presque, qu'il allait nous arriver quelque méchante affaire, que les Bédouins allaient nous prendre, les chacals nous mordre, et la tête de mort effrayer nos chevaux ; mais comme nous sommes arrivés tout simplement fatigués et couverts de boue, tu as trouvé cela trop prosaïque, et tu as été désappointé. Mon ami, rappelle-toi que vous m'avez demandé une histoire *vraie*, et que pour rester dans la vérité j'ai dû renoncer au romanesque.

C'est à cela, mes enfants, qu'on reconnait presque toujours une histoire véritable, c'est qu'on est plus ou moins désappointé à la fin du récit; tandis que l'histoire qui satisfait en tous points est ordinairement arrangée, ce qui veut dire que c'est un conte.

Voyons maintenant, aimez-vous mieux un conte intéressant, ou une histoire véritable?

JULES ET ADOLPHE (*Ensemble*) : Une histoire! une histoire!

LE PÈRE : Soit, vous l'aurez; mais apprenez d'abord à vous intéresser, non à ce qui étonne, mais, au contraire à ce qui n'étonne pas; tout simplement, à ce qui est vrai. De cette manière, vous trouverez de l'intérêt partout, et au lieu de vous bercer d'illusions, vous apprendrez à connaître des réalités.

Julés : Et ton histoire, papa?

Le Père : Une autre fois.

Julés et Adolphe : Ah!

FIN